解码微反应

彩沄心理◎编著

国家一级出版社 中国纺织出版社 全国百佳图书出版单位

内 容 提 要

微反应是一种本能反应，不受思想意识控制，难以掩饰和伪装。微反应是在潜意识下的身体反馈，能折射出一个人内心的真意。

本书从心理学的角度出发，以科学的视角和精炼的语言进行解析，让读者能够更深刻地了解在社交中存在的微反应现象，分析微反应的发生、运作和影响，告诉读者如何正确、准确地读懂微反应并运用微反应，从而更好地了解他人，高效沟通。

图书在版编目(CIP)数据

解码微反应/ 彩沄心理编著. —北京 : 中国纺织出版社，2017.12

ISBN 978-7-5180-4474-0

Ⅰ. ①解… Ⅱ. ①彩… Ⅲ. ①心理交往—通俗读物 Ⅳ. ①C912.11-49

中国版本图书馆 CIP 数据核字(2017)第 315246 号

责任编辑：闫 星　　特约编辑：王佳新　　责任印制：储志伟

中国纺织出版社出版发行
地址：北京市朝阳区百子湾东里 A407 号楼　邮政编码：100124
销售电话：010—67004422　传真：010—87155801
http://www.c-textilep.com
E-mail:faxing@c-textilep.com
中国纺织出版社天猫旗舰店
官方微博 http://weibo.com/2119887771
三河市延风印装有限公司印刷　　各地新华书店经销
2017 年 12 月第 1 版第 1 次印刷
开本：710×1000　1/16　印张：13
字数：200 千字　定价：36.80 元

前言

微反应是风靡全球的心理学名词，作为心理应激微反应的一部分，它从人类本能出发，不受思想的控制，无法掩饰，无法伪装，所以是了解一个人内心真实想法的较为准确的密钥。通过观察人的各种微反应可以提高辨认对方是否说谎的准确率。

时下最火热的电视节目《非常了得》受到广大观众的追捧，而在节目中通过观察微反应猜测对方是否说谎亦成为了整个节目的亮点。节目嘉宾姜振宇作为中国研究微反应的第一人，很巧妙地将神秘的微反应带入了大众视野，并且快速掀起了一股研究微反应的热潮。

微反应，全称是“心理应激微反应”，是人们在受到有效刺激的一刹那不由自主地表现出来的，毫无意识的且不受思维控制的瞬间真实反应。微反应有时被误认为是微表情，其实不然。若是从心理学的角度来分析一个人的真实心理状态，不应该只是局限于面部表情，应该结合人的动作表情、肢体动作、语言意义等表现全面地做出判断，而这些都可以被称为微反应。

在人际交往中，如果我们不能有效识别出人心，不懂得与人交往的原则，没有把握好与人交往的分寸，就会在激烈的社会竞争中处于下风位置，就会在复杂的人际关系中受制于人，随时使自己处于被动局面，进而出现人际关系危机、事业危机，使自己的人生遭到重创。其实，每个人像是一本书，需要我们去读懂它，读透它，更要善于如何来掌控它。我们在与人交往时，要善于通过对方的言行举止、生活习惯、兴趣爱好等细微反应来读懂他们，这样才能迅速地洞悉其内心的真实想法，取得人际交往中的主导权。

深谙微反应心理，我们可以一眼看穿人心的真与伪，可以在瞬息之间看透身边的人与事，洞察其内心深藏的秘密；能迅速地了解对方的性格特征，顺利地察觉出对方的情绪变化，辨别出谎言背后的隐秘想法，揭示假面具后面的真实面孔，这使得我们在人生的路途中能随机应变。本书列举各种类型的微反应，同时结合实际情况，教你通过微反应捕捉人们复杂的内心世界，让你在各个领域识别人心，掌控局面。本书囊括了我们日常最常见的微反应，可以作为我们日常识别人心的绝密手册，具有很强的实用性。

编著者

2017 年 8 月

目录

第一章

谁都不能伪装的微反应：你也要懂的微反应知识

微反应，即心理应激微反应，它是由人类本能出发，不受思想的控制，无法掩饰，也不能伪装。即便是再会伪装的人，一旦遇到有效刺激之后的一瞬间也会出现微反应，掩饰的行为只能出现在微反应之后。

第一节 揭开微反应的神秘面纱

微反应的全称,应该是“心理应激微反应”,它是人们在受到有效刺激的一瞬间,不由自主地表现出来的不受思维控制的一刹那真实反应。微反应的英文原文是“Micro-expressions”,通常我们会称之为微表情。

Micro-expressions 这个词汇是怎么来的呢?随着美国电视剧的迅速风靡,许多人都已经知道了这个词汇——微表情。实际上,这个词汇并不是电视剧制造出来的,而是源于一个心理学概念词汇。微表情,即时间非常短的或不充分的面部表情,主要用于判断被测试人的真实情绪,可用于测谎。不过,一旦我们翻开英语词典,就会知道“expression”这个词语的中文意思不但指的是表情,而且涵盖了表达、表现、词句等多种意义,最标准的译法就是“表达方式”。

举个例子,著名美剧《六人行(*Friends*)》第二季第一集,瑞秋意外得知罗斯找到新女友后,表现失常,脱口而出一句“isn't that just kick you in the crotch,spit on your neck fantastic?”(直译的话,这个表述就很有力度了:这难道不是很爽吗?爽到如同一脚踢在裆里,然后再往脖子上吐一口痰。)罗斯的妹妹莫妮卡感觉有些尴尬,替瑞秋解围性地解释道:“It is an expression.”翻译过来应该是:这是一种表达方式(瑞秋当时处于既有些羡慕又有一丝忌妒的状态)。

在这个例子中,我们可以知道“expression”这个词语包含的多种意义。而“面部表情”对应的英文原文应该是“facial-expressions”。这表示当我们需要分析一个人的真实心理状态,不应该仅仅局限于他的面部表情,还需要通过观察并分析其表情、肢体动作、语言意义等表现，才能准确而全面地进行判断。所以，"micro-expressions"一词直译过来不仅仅局限于面部的微表情，这里的"expression"一词可以翻译为"表现"。表现，有可能是无意做出的行为，我们可以用此来判断其心理状态，甚至用来测谎。

1.微反应注重"微小"。

心理学家认为，大量研究表明，大多数人的动作表现都是可以受到主观意志控制的，不过有少数情况是例外的，比如说眼睛瞳孔的变化。众所周知，人具有动物性，在受到刺激时会做出各种各样的反应以及表现，在刺激有效的情况下，当事人的最初刹那间反应大部分都是不受大脑控制的，也就是说是真实可靠的。不过，这样的反应并不是持久的，很快就被控制和修正了，而且动作幅度较小，这就是为什么我们只注重"微反应"，因为这个反应是微小的，不容易发现的。

2.微反应表现的是"刺激—表现"的过程。

当然，我们要想一个人表现出最真实的心理状态，那需要一个前提条件，就是有效的刺激。由于"有效刺激"的研究与"表现"的研究同样的重要，所以心理学家决定用"反应"一词来涵盖"刺激—表现"这个完整的过程，并把全部的内容提炼成一个词语，就是 micro-expressions，即微反应。

3.微反应的含义。

严格意义上，"微反应"是一个广义的词汇，其中包括三个方面的内容：一是我们都耳熟能详的"微表情"，属于"面孔微反应"；二是除了表情以外的，其他可以映射心理状态的身体动作，也就是我们经常说的"小动作"，或者可以称为"微动作"，属于身体微反应；三是语言信息本身，包括使用的词汇、语法以及声音特征，称为"微语义"，属于"语言微反应"。

4.微反应是怎么产生的呢？

当一个人在受到意外刺激的时候，第一反应就是减少身体动作，保持瞬间静止，便于弄清楚状况并判断应对策略。从这种身体忽然僵直或减弱活动的反应中,能够判断出对方感到吃惊,随后可能产生恐惧、愤怒或者喜悦的心理感受。当一个人故意将原本完整的动作或表情压缩到极致的时候,在他身上表现出来的不是一个夸张的表情和动作,而是一个极小的反应,这很容易被人们所忽略,这种反应其实就是一个微弱的反应。

实际上,这种轻微反应的本质就是隐藏。比如,在被捕猎的过程中,较弱的一方不能战斗,或者说打不赢,他们只有选择逃跑或者隐藏。而隐藏的时候,假如呼吸不注意隐藏,那气流的流动和呼吸的声音还是会将自己的位置暴露出来,这是极其危险的事情。所以,长时间进化积累的本能就是隐藏自己时会减弱甚至暂停呼吸。日常生活中,人们在遭遇尴尬时会有这样"恨不得有个地缝钻进去"的心态,这是因为人在遭遇压力的时候,心理主观上希望通过隐藏的手段来保护自己,尽管客观上是不可能的,但还是忍不住会这样去想。

心理启示:

心理学家认为,通常情况下,一个人遭遇负面刺激是会不知不觉地减弱呼吸的。按照这个推论进行推断,假如上司训斥下属的时候,被训斥的下属竟然呼吸比较急促或强烈,那是值得注意的反常反应,这往往意味着这位下属隐藏着委屈、不服甚至是反抗的情绪,假如你是这位上司,那就要想办法进一步去了解信息了。

第二节　微反应是人的第一反应

心理学家解释:人只是人。在《黑客帝国(*The Matrix*)》系列电影中,几次出现的经典台词"only human"完美地表达了这句真理的一切含义。实际上，人类自身有许多的不足，比如，即便是对自身的思维、情绪甚至身体的控制，人类都不可能做到尽善尽美。人只是诸多生活在地球上的动物种类之一，所有的动物从出生开始，捕食以生存，交配以繁衍，循环反复，每天忙忙碌碌，或许，大家并不知道自身存在的意义，只是按照某一种指示，努力地活着。

在某些方面，人与动物的身体反应是大同小异的，甚至是一样的。比如动物在求偶的时候，会充满兴奋的能量；领地被侵犯的时候，会凶狠地露出尖牙和利爪；雄霸一方的时候，会昂头挺胸，傲视群雄；战败之际，会低头伏地，表示顺从；遇到同伴的时候，会交颈而欢，耳鬓厮磨；生命受到威胁的时候，会停止动作，用身体和耳朵细心倾听；突然遇到捕食者的时候，会拼命奔跑，气喘吁吁；假如跑不掉，则会因恐惧而全身颤抖。其实，这种种都表明你只要是一个人，几乎是逃不过微反应的。

1.微反应是一瞬间的真实反应。

其实，一个人的眨眼、回头、写下自己的真实姓名都是属于微反应，这主要指的是人在受到有效刺激的一刹那，表现出的不受思维控制的真实反应，它一方面包括眨眼、扬眉、皱鼻子等细微的面部表情；另一方面还包括耸肩、回头、颤抖等身体的细微动作。

我们都有很深的体会，小时候玩过这样的游戏：两个人面对面站着，一个人忽然伸出一只拳头作势要打对方的眼睛，这时虽然原本两人的关系很好，对方的眼睛还是会快速地眨一下，头微微向后仰做出逃避的动作。不管我们与多少人或者多么熟悉的人玩这个游戏，被打的一方总是会条件反射般地眨眼和仰头。这与两人之间的信任毫无关系，而是源于身体本能的反应。

再比如，警察往往是运用心理学的高手，他们在抓捕罪犯的时候，假如罪犯混在人群中，实在难以辨别，这时警察会大声叫这个罪犯的名字。结果，人群中一定会有人应一声或者回头，而这个人基本上就是罪犯。心理学家分析，这时罪犯处于高度紧张的时期，忽然听到有人叫自己的名字，总会下意识地做出第一反应。

当我们收到一位老朋友寄来的一封信，假如信封落款处有涂抹的痕迹，那有可能写信人用的是假名字。因为在正常生活中，很少有人会写错自己的名字。

2.微反应是人的第一反应。

什么是微反应？心理学家认为最核心的特征和判断标准是它必然是第一反应，这指的是人在接受外界刺激之后，下意识的反应，是没有经过任何思考的，带着原始的动物性和人类本能。心理学家表示，第一反应在很大程度上可以反映一个人的真实想法，这个观点也被大多数人所认可。

比如许多媒体总喜欢探究人的第一反应，一条“诺贝尔奖评选委员会成员、文学奖宣布者对记者说，当他电话告知莫言获得诺贝尔奖的消息时，莫言的反应是：he was overjoyed and scared（他狂喜并惶恐）”的新闻比莫言获奖后的公开演讲更能吸引读者，因为大家都想知道他获奖之后的真实反应。

微反应是转瞬即逝的，当理性的光芒作用于人的大脑，第一反应的“露”会被快速压制，第一反应就好像我们看到的闪电一样，只有短短一瞬间，难以将其捕捉。比如，当人们发现自己撒谎成功之后，会情不自禁地做出嘴角上翘的动作，不过这个动作会持续不到五分之一秒，几乎是看不见的，难以察觉的。心理学家认为，真正吃惊的动作只能持续一秒钟，超过这个时间的动作都是假装的、有目的的。

微反应是符合人性的，不过并不一定合乎理性和道德。基本上所有的微反应都源于人类内心深处自我保护等愿望，它可以反映当事人瞬间的情绪，这个情绪有可能是正面的，也有可能是负面的。比如，战场上的士兵，当他们听到敌军枪声那一刻，第一反应就是逃跑，不过这种反应是很短的，而且会被内心随之而来的道德和理性否定，所以并不影响整个事件的结果，同时也不妨碍这个士兵的道德水平。

心理启示：

人虽然只是人，但人类这个种群相比于其他动物而言，却有一些特殊的地方。尽管人跑得不快、跳得不高、飞不起来，也没办法潜入海里去，不过他们的头脑比其他动物都发达，所以他们会学习、会创新、会使用高科技工具。当然，由于人类的头脑灵活，因此，人类说谎和欺骗的方式也越来越高明。

但是，心理学家需要说明的是，当人类受到危及生存和繁衍的威胁时，还是会退回到动物的水平。在这时候人的动物性反应将会取代人的理性"做作"而赢得控制权，通过各种微小的反应，将内心的情绪和想法展露无遗。

第三节　微反应的状态分析

心理学家认为，假如在面临刺激源的时候，一个人的呼吸开始减弱甚至停止，那说明其心理处于一种恐惧状态，承受着很大的压力，不过又不敢逃跑，不敢反抗，只能被动地等待结果的到来。这样的心态表示刺激是有效的，换而言之，这件事情是对方很关心的，一旦我们发现这是对方的关注点，那假如保持继续实施有效刺激的前提条件，就可以通过这个关注点，找出对方的情绪，以推导出其真正的心理状态。

王先生平时很喜欢研究微反应心理学，这天他遇见了这样一件事，引发了他对微反应的思考。

王先生周末忽然想起破碎很久的手机触摸屏还没修，他决定今天就做这件事。他最早到了授权维修点，结果因为型号比较老，这家店里已经断货了。临走之际，王先生问了一下价格，得到的答复是500元。

王先生不死心，心想一定要把手机修好。所以他又在市场里转了一圈，找到一家小店，进去问能不能修，那位年轻老板说："原装的300元，能修。"由于前面打听过好几次这方面的价格了，王先生基本不太相信300元就能换原装的配件触摸屏，因此王先生特意问了一句："确定是原装的？"听到这样的话，青年老板还是没有明显的动作，包括面部表情、身体动作和语言，依然保持着爱答不理的高傲姿态，也没有看王先生，也没有说其他的话。

尽管王先生心里没底，但他还是决定修，尽管换触摸屏是个细致活，但很快就修好了。当王先生把保护膜揭开之后，明显感觉到新换的膜很涩，摩擦阻力比原来的老屏大很多，王先生基本上可以确定这不是原厂的配件。

对此，王先生对年轻老板的微反应陷入了思考。

在合理的情境中，配件的真伪，一方面涉及生意是否能成，另一方面也涉及价格是否合适，这些都是核心信息，都应该是年轻老板非常关心的问题。而王先生的直接追问应该是最有效的刺激源，不过，年轻老板似乎没有任何微反应。心理学家分析，这其中可能有三个方面的原因：年轻老板不在意这单生意是否能做成，这表示整件事并不重要；年轻老板专业的轻蔑，也就是说反正你也不知道这是不是真的；年轻老板认为是否原厂配件根本不重要，普通配件的效果与原厂的没有任何区别，或者根本不可能找到原厂配件。对此，心理学家认为，整个分析体系中的重点，一定不是在于观察到的微反应，然后得出结论，而是通过分析情境和人物分析，设计出好的刺激源方案，让对方产生有效反应，这样一来，我们就很容易捕捉和分析对方的微表情了。

1.微反应会出卖自己

人类有一条可以暴露本性的"狐狸尾巴"，它就是微反应，即便人类进入文明社会已经有了几千年，不过依然不能完全掌控自己的身体。不管我们如何想要在别人面前树立自己期待的美好形象，或者想掩盖自己的真实心理，微反应都会在某些时候出卖我们。比如，我们难以抵挡美食的诱惑，就会不知不觉地分泌或吞咽唾沫。

又比如，相恋的两个人，在刚刚得悉对方的心意的时候，尽管极力克制，不过一定难掩内心的兴奋，急促的呼吸、加快的心跳都可能是出现的微反应。这表示微反应是人类的本能，不是你想怎么做就怎么做，也不是你不想做就可以不做的，它没有经过人的大脑思维，就好像动物界蜂蜜酿蜜、鸡孵蛋一样顺其自然地发生。所以，某些本能反应是没办法抗拒的，因为它不受"想"的控制，所以我们无处可逃。

2.微反应为测谎仪提供了依据

根据科学研究，一个人在说谎的时候，他的心率和呼吸要比不说谎时快很多，而类似测谎仪的器械就是利用人的本能反应，记录下相关的生理变化指标，然后进行数据分析。那些被测试者，有时候需要戴上胸带、血压计、橡皮囊袖带、电极等装置，这些装置会记录相关信息，观察与之相关的呼吸频率、心率的变化情况，经过综合分析，最终判断被测试者是否在撒谎。尽管这种测试仪不是百分之百精确，不过也可以得出有意义的结论。

3.人的微反应源于人类的生存和繁衍

心理学家认为，人的本能反应往往与动物生命中的生存与繁衍有关。几乎大多数的本能反应，不管是动物本能，还是人类本能，不管是早期社会人类的本能，还是文明社会人类的本能，都可以归结到这两个方面。比如，雄鸟在雌鸟的面前跳舞，是希望博得对方的喜爱，从而获得交配权，这是繁衍本能的体现；当动物遇到强敌，会拼命逃跑，打败对方会引颈长鸣，这是一种自我保护，是生存的本能。

心理启示：

人类尽管是高等动物，不过基本的生命诉求依然是生存与繁衍这两者，当人获知意外事件时的惊讶反应，遇到强敌试图缩小身体面积，这些都是自我保护心理的体现。而人类在面对异性时的紧张不安，对美女的喜欢，则与繁衍需求有关，一旦遇到与这两方面有关的诱惑或威胁时，人的身体会表现出十分诚实的一面，让你内心真实的想法无处遁形。

第四节　常见微反应表达的真实意义

心理学家认为，人的所有反应大概可以分为三类：一是可以用“想”来控制的运动，比如各种可被控制的骨骼肌运动；二是不能用“想”来控制的运动，如心跳、瞳孔缩放、汗液分泌等，这些反应由自主神经系统控制；三是一般不用“想”来控制的运动，诸如身体的一些复杂运动，打喷嚏、单脚平衡站立时各种肌肉的协调等。习惯动作，长时间养成的不需要思维的参与即可完成，习惯反应是建立判断基线反应的重要标准。本能反应，这可能是进化积累起来的反应，在测谎时最有价值，比如遇袭时紧闭缩身、意外时短暂静止、焦虑时吞咽口水或出现尿急、焦急的跺脚，愤怒时肌肉紧绷、鼻孔张大、呼吸加速等。这些反应通常是不用想来控制，但如果经过训练，一些反应是可以用“想”来控制的。不过，人是动物，这决定人并不可以在受到刺激后对自身的反应进行完全控制，只要存在有效的刺激，就一定会有反应。

下面，心理学家将展现一系列经典的微反应：

(1)单肩抖动表示不自信；

(2)注视对方眼睛表示撒谎中，为了看看自己的把戏是否得逞；

(3)中断眼神交流不代表撒谎，而是在回忆中；

(4)回答时生硬地重复问题表示典型谎言;

(5)抬起下巴表示非常尴尬;

(6)揉鼻子表示掩饰真相,特别是男人的鼻子里的海绵体在撒谎时容易痒;

(7)眼睛向左看表示在回忆,向右看表示在思考谎话;

(8)惊讶表情超过一秒就是假惊讶;

(9)人右肩微耸一下就是在说假话;

(10)当不能倒着将事情回忆一遍,表示那件事情肯定是编造的;

(11)用手抚额头表示羞愧;

(12)瞳孔放大表示恐惧、愤怒、有性欲;

(13)话语重复、声音上扬表示撒谎;

(14)肢体阻抗向后退一步,表示刚说的话不可信;

(15)抿嘴是经典的模棱两可的动作;

(16)撒谎的时候没有与之相对应的表情,往往没有任何表情;

(17)一般在学校越受欢迎的学生越会撒谎;

(18)手一直摩挲,一种自我安慰的姿态,当你不相信自己在说什么的时候,使自己安心说谎的时候会摸脖子,这是个经典的动作;

(19)当真正的凶手看到被害者照片的时候,会表现出恶心、轻蔑甚至是害怕,但绝对不会是吃惊;

(20)要是有人将要实施血腥的罪行,就会出现这样的表情:眉毛朝下皱紧,上眼睑扬起,眼周绷紧;

(21)伸出中指,这是象征性并且无意识的手势,充满敌意;

(22)鼻孔外翻,嘴唇紧闭,生气;

(23)下巴扬起,嘴角下垂,自责;

(24)眉毛向上,拉紧,恐惧;

(25)如果先突然大声说话,然后再用手猛拍桌子,这是对可怕事情反应的手势时间差，如果是真的发火，这两个动作会同时进行；

(26)提高右边的眉毛，表示对你有疑问；

(27)嘴唇向左边撩起表示假笑，脸部74%的真实感受往往会在右脸暴露。

心理启示：

人所做出的所有反应，都是在神经系统的指挥下完成的。比如，深度昏迷的人，没办法有意识地控制骨骼肌运动，即便是像心跳、胃部的蠕动、腺体的分泌等非随意运动，也是由自主神经系统控制的。所以，通过分析人的应激反应，能够逆推人的神经系统状态和变化。分析的对象包括受刺激时需要动脑子"想"的反应、本能的反应、习惯的反应，以及不能用"想"来控制的自主反应，综合分析这些反应能够比较准确地分析出人的真实心理。

第五节　不会撒谎的微反应

微反应表现的是真实情感吗？通过微反应获得的信息是真的可靠吗？一个人可以在自己的微反应上做手脚吗？不可否认，人是一种会说谎的动物，说谎的功能器官就是嘴巴。不过，心理学认为，人是一种诚实的动物，因为微反应是最为诚实的，它可以如实地表达自己内心的想法。

微反应的产生，一方面是因为外界信息刺激的结果，另一方面是内部信息刺激的结果。前者主要指的是经过人的外部感觉器官而进入大脑的刺激，比如突然听到东西爆炸的声音，忽然看到一辆车飞过来等；后者指的是经过内部感觉器官而进入大脑的刺激，比如突然感觉身体不适。不论是来自内部的信息刺激，还是来自外部的信息刺激，最终都会集中在人的中枢神经系统，最后通过微反应表现出来。所以，微反应的产生与信息加工的关系是极其紧密的，可以说，微反应是人的大脑对来自内外信息加工结果的直接延伸和表现形式，是个人对主客观环境做出的适应性反应，这是真实可靠的。

1.撒谎时微反应与言语是相悖的

心理学家认为，当人在说真话的时候，语言、语音语调以及肢体动作往往都是协调一致、自然流畅的，这都源于人的主观意愿和客观表达的一致性和协调性。当一个人在撒谎的时候，特别是他撒谎的后果比较严重的时候，语言、语音语调以及肢体行为的配合往往会出现僵硬、做作的表现。

或许有的人表示，自己撒谎也没被人识破，这主要不是因为你善于在微反应上做手脚，而是由于在平时生活中，大部分的人不都善于通过分析微反应来识别谎言。不过，许多微反应所表现的情感是掩饰不了的，只要你在撒谎，总会有被识破的一天，假如你不希望自己的谎言被识破，那就实话实说。

2.虚假的微反应会漏洞百出

尽管有的人在平时沟通中故意摆出某种虚假的微反应，希望能干扰他人的判断，不过人不可能在整个交流过程中一直刻意做出各种虚假的动作，故意摆出的虚假微反应没有什么实质性的心理意义，这是一种意识性反应。而真正有意义的微反应是无意识反应，也就是受无意识支配的微反应，即便这两种肢体反应经常会在交流和沟通中同时出现，不过相比较而言，无意识反应更加真实可靠。

3.相比较口头语言，微反应更具真实性

在现实生活中，我们经常会遇到这样的情境，当自己弄了一个新发型的时候，问朋友，他可能嘴上说“不错，还可以”，不过我们认真观察对方的表情，可能会发现他有微微皱眉的动作，或眼神闪烁，或双手握拳，这些肢体动作都表示他内心在排斥你，他对你这个新发型有点反感。这时候我们不妨多问几个人，假如许多人都是口头称赞，不过微反应却表示不怎么样，那可以考虑换个发型。

对一些当面称赞你，背后却诋毁你的人，假如我们仔细留意，也会发现这些人在说话时言不由衷的神情以及表示排斥的动作。口头语言是一个人通过逻辑思维后才说出来的，他已经在它上面加上了一系列的歪曲，只是为了达到一些目的，而可能并不是内心真实意图的表现。而微反应则是自发的、难以控制的，它所透露出来的才是一个人最真实的内心想法。

心理启示：

微反应会撒谎吗？有人觉得假如经过长时间的训练，一个人是可以控制自己的身体的，就好像口头语言一样受制于我们的想法。不过其实这是极其困难的，人的微反应太过复杂，所包含的细节太多，尽管你刻意地控制了其中一个动作，不过却会在另外一个微反应上露出破绽。

第六节　别因微反应让自己露出破绽

心理学家列出一些人类的经典反应，比如当被中意的人接受的那一瞬间，心头鹿撞；一旦遭遇爱情的欺骗和背叛，又会让你握紧拳头；面对不屑之人，会微微扬起下巴；当诚心诚意接受批评和教诲时则会不由自主地低下头；突然看见好久不曾见面的好朋友，嘴巴和眼睛同时张大，然后欢呼雀跃；假如在晚上看见闪过的黑影，嘴巴张大，惊声尖叫，拔腿狂奔；被老板抓住偷懒的行为，手足无措；侥幸逃过的话，则会吐吐舌头，拍拍胸口等，简直是不胜枚举。不过，这些反应中，对于每个人而言，曾经出现过多少呢？上面这些反应中,全部是你自己想要做的吗?当然,这些行为并不是我们想做的,而是在无意识中做出来的行为。

比如孩子从出生的那天开始,就会张开嘴吸吮,在母亲的乳房上寻找甘甜的乳汁。当孩子不到两岁的时候,被别的小朋友抢走了玩具,就会快速跺着双脚,高声喊:"给我!"可能这话是父母教的,不过这跺脚的动作却是没有人教过他。随着对知识的接受和储备,我们慢慢地学会了记忆、分析和评价,掌握了越来越多的高级本领,比如遵守规定、举止得体,不过不管怎么样,许多反应还是固化在我们的身体中,有些是本能反应,有些是习惯反应。

1.真实的反应是因刺激源引起的

心理学家认为,当一个人遇到恐惧的事情,就会出现这样一些反应:屏住呼吸,心跳加速,冷汗也会不自觉地冒出来,脸色发白,假如刺激源足够强烈的话,还会令人有想吐的感觉,脸上肌肉会不由自主地颤动,尽可能地想远离引起内心恐惧的事物。假如不能动,至少也会将身体向后仰或者转向另外一个方向,或者说抱起身边的东西或者坐垫,挡住那引起恐惧的事物,这样会让自己主观上觉得是安全的。

当我们遇到开心的事情,就会出现这样一些反应:呼吸变得自由而有力,心跳加速。毫无意识地眉开眼笑,假如开心到了一定程度,还会将双手高高举起,挺拔着身体,或许还会跳起来欢呼,顿时感到浑身舒畅。假如条件允许的话,我们还会飞快地冲过去拥抱自己喜欢的东西或人。

2.想要控制反而会露出破绽

这些因刺激源导致的行为是很有意思的,或许我们会问:一定会这样吗?所有的人都会这样吗?假如故意控制,这些行为是不是不会出现?其实,如果你可以简单地试一试,你会发现假如你故意去做的话,这些行为是可以控制的,不过同时也会感觉到吃力,控制真实的反应是一种复杂而痛苦的过程。

假如你一定要控制这些真实的行为,那首先要做到不意外,似乎预先就知道会出现某种刺激，然后决定要控制住自己；然后是感觉不在意，不论刺激源怎么样，都需要接受这样的刺激，快速分析这种刺激的性质和力度；再次是做到不反应，通过感知和思考，把自己可以找到的可能的身体反应制止住；最后是再反复检查一遍，自己是不是有还没控制的地方，从而补充完善。

假如你觉得自己已经完全控制了，那恭喜你。不过，你需要知道的是：身边的人从你僵硬的身体和呆板的表情来判断，会觉得你很不正常，应该是隐藏了某些不让别人知道的事情。他们会产生疑问：遇到这样高兴或恐惧的事情，你怎么一点都没反应呢？没有反应就是最大的破绽，而破绽的存在就是洞察你内心的钥匙。

3.尽量学会控制自己的身体

尽管我们不能完全避免破绽百出，不过我们依旧可以努力。一方面是尽可能学会控制自己的身体，减少不必要的破绽；另一方面是尽量多地了解这些破绽，减少被他人欺骗的情形发生。

尽量控制自己的身体，包含着两层含义，一是肌肉的运动控制能力，让运动可以保持精准而熟练。从这个角度来看，那些舞蹈演员，特别是古典舞蹈演员，以及运动员，诸如武术、体操等讲求精准的运动项目运动员，一般具备较好的肢体控制能力。但是能真正做到控制自己身体的人，还是很少的，比如经历丰富、积淀深厚、有较强自信心的政客或演技精湛的演员。比如俄国戏剧大师斯坦尼斯拉夫斯基的“斯氏体系”，主张角色体验，忘却自我，使演员与角色合一。

心理启示：

心理学家认为，尽管你已经成为了隐藏自我的高手，不过也逃不出动物求生的本能规则。只要存在有效刺激源，就可以攻击你的破绽。所以，假如我们可以准确地发现他人的破绽，那就可以顺势了解其内心的真实想法。

第二章

掌握微反应的运用技巧：轻松捕捉细微反应

微反应，它是一种心理学名词。在生活中，人们通过做一些反应把内心感受表达给对方看，当人们在做不同的反应之间，或者在某个微反应里，其行为会泄露出别样的信息。这样的反应就称之为微反应，它持续的时间为二十五分之一秒。

第一节　透过情绪捕捉微反应

微反应是由于人类受到有效刺激源而产生的微妙反应,假如我们要想洞悉对方的真实心理,就需要制造有效刺激。那么,如何才能制造有效刺激呢?当然,我们不能做危及别人的健康甚至生命安全的行为。心理学家揭秘说:情绪。确实,情绪是人内心深处的原始反馈,是直接与动物性的生存、繁衍需求相关的神经系统反应。假如一个人没有了情绪,那就是一个机器人;假如人全部都由情绪主导,那就是低级动物。事实上,每个人都会有情绪,即便是同样一个刺激,一千个人就会有一千种情绪反应。不过在另外一方面,每个人都有关注的刺激源。

在生活中,人们常见的情绪有平静、满足、得意、高兴;惊讶、轻蔑、厌恶、担忧、恐惧、愤怒、威胁、恨;不悦、委屈、惭愧、为难、尴尬、悲伤、悲痛等。情绪是真实的心理反应,只要是刺激有效的前提条件下,人就会产生情绪。不过,有的人即便被刺激了,表面上也不会有什么波动,看起来平静如水,难以被别人察觉到。当然,他们还是会有一些反应,只是不容易被察觉。假如一个人完全没有反应,那表示刺激源不够,应该继续加大刺激力度或更改刺激源。当然有一种人是毫无反应的,比如这个人服用了镇静剂或者其神经系统有疾病。

1.如何分辨情绪

在现实生活中,更多的人是属于另外一种情况,一旦他们受到刺激源的影响,会快速调整自己。在受到有效刺激的最初瞬间出现的反应十分真实,不过随后就会快速控制自己的反应,甚至改变和伪装为另外一种反应,而且还要将此行为故意表现给你看，让你产生深刻的印象。

不过，那一点点真实的反应，时间极短、幅度很小，而且由于每个人都会有这样的反应，即便看见了也不会感到惊讶。然而，这些微小的反应才是重点，通过分析它们才有可能获取真相。因此，怎么样分辨情绪反应以及它们的真假，这确实是一个不容忽视的问题。

2.情绪也能造假

心理学家认为情绪也是可以造假的。当然，情绪能造假的方面包括种类和程度两个方面。比如该生气的时候却好像看起来在微笑；该害怕的时候却好像在生气；该高兴的时候却看起来像是在悲伤，这些情绪种类错位相对容易分辨。而分析情绪的真假，困难在于对其程度的判断。一个情绪反应程度太小或太大，都会让人不太容易确定反应是不是真的。

那么，该怎么办呢？心理学家建议可以遵循情绪和能量匹配原则。情绪是需要消耗能量的，与情绪所引发的反应需要的能量相比，情绪需要消耗的能量基本上更大。小刺激产生的情绪程度较轻，反应需要的能量小，表现出来的动作幅度就应该小，时间短；大刺激产生的情绪程度重，反应需要的能量大，动作的幅度就应该大，时间相对较长。所以，表现出来的反应假如与刺激的程度不匹配，那就是表示在做假。

3.定义名词

被测试人：指的是所有通过微反应进行观察分析的对象，比如某个你希望看出是否在说谎的人，不单单包括真的测谎过程中的那个人。

刺激源：指的是能够给被测试人产生刺激的任何信息，可能是提问题的人，可能是问题本身，可能是一句话，也可能是一幅图或者一段视频。

基线反应：基线反应是一个人自身的本能反应或者习惯性反应。在每一次测试开始的时候，心理学家都会设计一些无关痛痒的问题，观察被测试人在回答这些问题时的反应，比如思考时的反应、计算时的反应、轻蔑时的反应、愤怒反应或者悲伤反应、得意时的反应等。

由于这些问题与被测试人心里想要隐瞒的事实没有什么关系,因此反应相对比较真实,可以作为后面测试分析的判断依据,这些反应就是基线反应。

心理启示:

心理学家表示,在测试过程中,会问及这样一些问题,比如:列举5位最喜欢的公众人物?评价某个以丑态而著名的网络人物?你的眼睛很漂亮,自己怎么看?或者,也可以让被测试者观看一组南京大屠杀的历史图片。而在后面的测试核心题目时,假如被测试人在遇到可能产生相同情绪的题目时,出现了与基线反应不同的动作,可以设置为重点关注的线索,因为有可能在这个问题上,他说了谎。而将各种反应与基线反应进行对比,这是判断观察对象真实心理和情绪的基础。

第二节　微反应所隐藏的潜意识

弗洛伊德指出:"潜意识是潜藏在我们一般意识下的一股神秘力量,是相对于'意识'的一种思想。"其实,在每个人的体内都隐藏着一股神秘的力量,那就是潜意识。令人奇怪的是,许多人并不知道,或者说并不了解自己的潜意识思想。不过,作为旁观者,我们倒可以通过其在日常生活中表现出来的体态举止来洞悉对方的潜意识,从而达到摸清对方真实心理的目的。在日常交际中,大部分人在做出某些行为举止的时候,他们会下意识地想掩盖自己内心的真实想法,或者,假意做出相反的举止来迷惑他人,不过,他的某些姿势还是可以泄露出潜在的思想。所谓"江山易改,本性难移",一个人的性情,无论他如何掩饰都会在行为举止上一览无遗,这时,我们可以观察对方的微反应表现来洞悉对方的真实心理。

在日常生活中，人们的微反应还有很多，下面我们说到的一些反应，可能你经常会见到，但你未必知道它们背后隐藏的真实想法。

1.手不停地抚摸下巴

在与你交谈的时候，如果对方用手不停地抚摸下巴，那表示他已经陷入了沉思中，有可能连你说什么，他都没听见。如果你对此表示怀疑的话，你可以试着问他你刚刚在说什么，他一定回答不出来。

他们总喜欢想东想西，但从来不会想到去算计别人，只是在某些时候会陷入思考的迷宫中。同时，他会是一个比较敏感的人，如果你想告诉他什么事情，需要避免暗示，直接告诉他，省得他胡思乱想。

2.叉腰姿势

在与人相处的时候，对方的姿势已经泄露了他对你的潜在态度，有的人潜意识里想给人留下这样的印象：身体强壮、沉着稳定，对别人的威胁不放在心上。对此，他们常常会做出叉腰的姿势。

3.拇指托着下巴，其余的手指遮着鼻子或嘴巴

这样的人很有主见，你在说话的时候，他总是用拇指托着下巴，其余的手指遮着鼻子或嘴巴，那表示他潜意识里根本不同意你的观点，只是不好意思说出来。他之所以做出这样的动作，就是潜意识里怕一不小心会说出反对的意见。

当然，用手遮住嘴巴或鼻子，在心理上可能有两种情况：一是想反驳你；二是指你在说谎。如果你在说话的时候，对方保持这样的姿态，如果是他说话时遮住嘴巴或鼻子，那表示他“言不由衷”；如果是听你说话时有了这样的动作，那就是不同意你的观点。

4.手掌向前推出

这样的动作经常性地出现在政治家身上，他们为了生存，需要对他人的攻击保持时刻的警惕。如果你仔细观察一下那些政治家的演讲，会注意到，

他们在感到不安全的时候,常常会做出一些防御的手势。比如,将手横过身体,或许手掌向前推出,仿佛他们在躲避想象中的击打一样。

心理启示:

在日常生活中,一个看似很普通的反应却包含着丰富的信息,其举止形态背后的潜意识才是我们所需要摸清的底牌。莎士比亚在《哈姆雷特》中说道:“一个人表面上笑眯眯,其实心怀叵测。”试想,一个采取防卫、对抗姿态而又面带微笑的人,他或许是想以假笑来麻痹你,同时还在算计着如何拆你的台。当然,如果我们不仔细观察,肯定不会洞察到对方的真实心理。

第三节　从边缘系统反应分析微反应

从进化论的角度看,人类的大脑中,和生存关系最为密切的是边缘系统,这一部分大脑有三个重要的特征:一是边缘系统会遵循“趋利避害”原则,如实地对外界刺激做出条件发射式的反应,不假思索,坚决如实反应,而且不受意志的控制;二是边缘系统主要负责人类与其生死存亡相关的行为和反应,它是不休息的,总是处于“警戒”的状态;三是边缘系统掌握着人类的情绪情感,随时不断地向大脑的其他部位发出指令,左右着人类的各种行为。

王小姐是一个从小就怕蛇的女孩子,有一次,她跟朋友一起去市里的野生动物园的蛇馆里参观,看到几条眼镜蛇不停地发出“嗤嗤”的声音,王小姐害怕极了。尽管她不断地告诉自己:蛇被厚厚的玻璃隔着,不会威胁到自己,完全可以把脸贴近玻璃去看个仔细,即便眼镜蛇向自己扑过来,自己也用不着害怕。但是,当蛇忽然向王小姐扑过来的时候,她的身体还是下意识地往后倾了很多，甚至差点因失去重心而跌倒。

在边缘系统的支配下，一个人对外界信息刺激的反应是很有规律的，这个规律基本上是这样的：面对危险，不管人能否应对，人的第一反应都是动作冻结，然后进行全面的评估；通过评估之后，如果没办法应对，人就可能会产生逃跑反应；假如可以应对，人可能会选择战斗，并制服对方；假如没能逃跑或战斗失败，人就会产生投降反应。可以说，人类的这四种基本反应在几百万年的进化历史中就已经被深深地印刻在人类的记忆深处。

这是一段关于动物遇到恐惧时反应的描写：

在一望无际的非洲大草原上，天气很炎热，一匹掉队的斑马独自在河边的草地上吃草，就在它吃得津津有味的时候，忽然发现就在前面不远处，有一头狮子正躲在灌木丛中观察自己。就在这一刻，斑马停止了吃草的动作，屏住了呼吸，轻轻地低下头，认真观察。

这时，它已经发现狮子慢慢地靠近自己，这是一头雄狮，高大威猛，有着发达的肌肉，看样子自己没有还击的能力。危险即将到来，斑马忽然掉转方向，撒腿就跑，因为它知道自己可能不是这头雄狮的对手。果然，就在斑马跑出去没多远的时候，它几乎可以听见身后那雄狮的急促呼吸声，声音越来越近，狮子的气息几乎可以嗅到了。

这边狮子准备张开大口，扑向斑马。即便到了狮子的大口之下，斑马还是决定拼一把，它撒开蹄子，狮子被重重地踢到了脸上，不过它并没有放弃，而是继续追赶着斑马，一直到斑马筋疲力尽为止，再将斑马扑倒在地，咬断它的喉咙。

当遇到危险的时候，人和动物的反应几乎是一样的。边缘系统反应有八种，即冻结反应、逃跑反应、战斗反应、投降反应、对抗行为、龟缩行为、阻断行为、安慰行为。举个很简单的例子，普通人对蛇有一种本能的恐惧，见到蛇之后，回避或逃跑是一种十分正常的反应，人们的意志也没办法控制这种行为反应。实际上，人们在每一次遇到危险的或反感的信息刺激的时候，都会在边缘系统的操控下，如实地做出反应，这就为我们分析微反应提供了重要的依据。

1.冻结反应

一个人在面对危险和威胁的时候，第一反应是冻结，也就是停止一切动作、屏住呼吸、隐藏身体，以减少敌人的注意，同时认真观察、仔细思考、全面评估，以尽快寻找最佳的应对方法。而在平时生活中，人们的冻结反应，可能表现为动作僵化、语言停顿、表情木讷，这时的生理反应则是肾上腺素分泌增多，心跳加快、血压升高、呼吸急促、肌肉紧绷，身体的这一切反应已经为逃跑做好了准备。比如一个人在去摸提包里的手机时，竟感觉到一只毛茸茸的东西，首先的反应就是冻结，人的冻结反应时间，通常是一秒钟左右，假如时间太长，则表示这是故意为之的动作。

2.龟缩行为

人们在面临恐惧的时候，冻结反应还可以表现为另外一种形式，也就是龟缩行为。龟缩行为，顾名思义，就是像乌龟一样，在危急时刻将自己的头部快速地掩盖起来。体现在人类肢体动作上，就是双肩上耸，其根本目的就是为了提高安全性，减少曝光率，增加隐蔽性，争取反应时间，为采取下一步行动做好充足的准备。当然，龟缩行为有时也表现为将自己的头和心脏部位用手遮住，原因在于身体的这两个部位都十分重要，直接与生命密切相关。

3.逃跑反应

在冻结反应的过程中，人的大脑会快速运转，迅速对当前情况进行评估，如果评估的结果是没办法应对，人就会产生逃跑反应，也就是让自己的身体远离刺激源，回到安全的状态下。逃跑反应的表现形式是十分多的，有时会表现为身体或身体的某一部分逃离、倾斜或被阻隔，有时则是表现为脚尖的朝向发生变化，可能会做出马上要离开的姿势；有时则表现为视线的远离或头部的偏转。比如，当我们在狭长小路上散步的时候，忽然发现一只凶恶的大黄狗跑了出来，顿时吓了一跳，知道自己没办法应对这只狗的侵袭，于是就马上离开，避免与狗正面冲突的情形发生。

4.阻断反应

在一些特殊的情况下，逃跑可能是无效的，或来不及逃跑，这时就必须面对恐惧的一幕，人会产生一种特殊的反应——阻断反应，也就是通过阻断视觉、听觉、触觉、嗅觉、味觉等形式来与信息刺激源之间产生阻隔，主观性地逃离刺激源，来减少内心的恐惧感。可以说，阻断反应是逃跑反应的一种变形。

在平时的生活中，我们常常会看到很多的阻断反应行为，假如我们不想听到别人说话的声音时，就下意识地把耳朵捂上，这就是听觉阻断；当我们不想看到恐惧的电影画面时，就下意识地把眼睛闭上，这叫作视觉阻断。因为人从外界获得信息的主要途径就是眼睛和耳朵，眼睛获得的信息量约占总信息量的83%，耳朵获得的信息量约占总信息量的11%，而其他几种感觉加起来所获得的信息量才占6%。所以，在阻断反应中，视觉阻断和听觉阻断是最常见和最重要的两种。

5.战斗反应

可以说，战斗反应是人们面对危险时的重要选择，它体现了人对危险的态度和应对危险的能力。一般情况下，人们都会回避冲突，选择和平相处。不过，假如对方实在太过分，不依不饶，那么战斗反应可能就是最佳的选择了。战斗反应通常表现为肢体冲突以及暴力行为，那是为了获得生存和安全而做的最后的拼搏和努力。比如，在战斗中，当一匹斑马不小心掉了队，落到了敌人的埋伏圈里，冻结和逃跑都没办法应对当前的危险情境，那唯一的做法就是迎战了。

6.对抗行为

对抗行为是战斗反应的一种特殊的表现形式，也就是战斗反应的准备阶段，它反映了一个人内心的愤怒和不满，不过却没有达到爆发的程度。对抗行为的表现是多种多样的，有时表现为愤怒的面部表情，有时表现为意见和态度的对立，有时还表现为语言的辱骂与诅咒，有时还表现为战斗前的准备，比如咬牙切齿。

7.投降反应

投降反应通常会发生在逃跑反应和战斗反应之前或之后，这是人们为了避免更为严重和危险的后果出现而采取的一种权宜策略。如果在一场战斗中，实力较弱的一方可能被消灭掉，这时坚持战斗可能会壮烈牺牲，不过投降则会换来一线生机。那么，为了活下去，实力较弱的一方可能会通过投降来获得生存的机会。

8.安慰反应

当投降反应产生的时候，人有可能表现为语言上的求饶、态度上的软化、表情上的温和、动作上的谦卑、行动上的示弱等。对于人类而言，投降反应发生的时候，会伴随着恐惧、焦虑、无助、尴尬、难堪和羞愧的感受，在这个过程中，人会产生安慰反应。当然，安慰反应的形式比较多，比如用手去抚摸自己身体的某个部位，拽着自己的衣角，等等。安慰反应的目的只有一个，那就是降低内心的恐惧、焦虑等不良的情绪体验，重新建构内心的安全感和控制感。

心理启示：

冻结反应、逃跑反应、战斗反应、投降反应，这是边缘系统的四种基本反应，对抗行为、龟缩行为、阻断行为、安慰行为则是四种派生行为。这八大反应行为都是微反应解读的重要基础，是识别谎言的心理学基础，我们一定要牢牢地把握。

第四节　捕捉细微反应判断言语真实性

在美剧《别对我撒谎(*Lie to Me*)》中,主人公卡尔用令人意想不到的方法轻松破案,在一个小故事中,没有逼供,没有物证,只是和爆炸案嫌疑人聊了一会儿,捕捉到了对方耸肩、吸鼻子等几个转瞬即逝的表情、动作,便以此作为线索找出了爆炸物的安置点,这样的识别无疑让人目瞪口呆。

或许,有人会疑惑:他凭什么线索破案呢?其实,答案很简单:微反应。即便表情是可以伪装的,但一闪即逝的微反应却是异常真实的。善于识别人心的人,他们往往是利用脸部细微表情动作分析被观察者的肢体语言和微反应,按照这些判断对方言语背后的真正意思,然后判断对方是否在撒谎。

毕加索和勃拉克都是伟大的艺术家,也是形影不离的好朋友。有一天,勃拉克很沮丧,他把一幅画作坏了,有不少人对那幅画的评价都不好。勃拉克自言自语道:“真想把这幅画毁掉。”“别,别毁了它。”毕加索眯着眼睛,在那幅画前踱来踱去,并不停地赞叹:“这幅画真是太棒了!”勃拉克开始有点将信将疑:“真的吗?”毕竟是朋友,又是个行家,毕加索的话让勃拉克动摇了。“当然,你把它送给我,我拿我的作品与你换,如何?”毕加索很肯定地说,最后,毕加索换回了那幅画。

几天后,一些朋友去勃拉克的画室,他们看到了毕加索的那幅画挂在勃拉克画室最显眼的位置。勃拉克满脸微笑,感动地说:“这是毕加索的作品。他送我的,真是美极了!”这些朋友也去了毕加索的画室,他们诧异地看见勃拉克的“杰作”与毕加索的名作并排而挂。毕加索嘴角一侧抬起,满脸不屑地介绍："你们看看，这就是勃拉克画的东西。"

在这个案例中，我们来观察毕加索的表情"眯着眼睛，在那幅画面前踱来踱去"、"嘴角一侧抬起，满脸不屑"，这些都可以看出他语言是否是真实的内心反映。由于勃拉克没能辨别出毕加索细微的真实反应，因此才使自己的画遭到了毕加索的嘲笑。

那么，在生活中，如何才能捕捉到细微反应呢？

1.察言观色

你可以通过察言观色来判断对方说的话是否是真的，有可能是一个细微的动作，有可能是一个眼神，有可能是一个笑容。那些在他脸上、身上表现出来的表情或动作，都在随时地告诉我们他内心究竟在想什么。

2.观察对方反应是否前后一致

微反应是一种非常快速的动作，持续时间仅为1/25秒至1/5秒，正因为这样，大多数人往往不容易察觉到它的存在。但是，如果我们观察够仔细，还是能够从反应的变化之间搜索到一些细微的差别。比如，当一个人咬紧双唇，并沉默，如果你仔细观察，会发现他紧握拳头，这表示他内心是极其愤怒的，但却强忍住。如果在这时，他说："我没生气。"其实，这句话是假的。

心理启示：

心理学家认为，在与人交往中，有90%的非语言信息来自面部，眼、眉、嘴、面部肌肉的细微变化，都会传递出不同的信息。在这其中，眼睛集中了面部表情的大部分信息，从眼神中有时可以判断出一个人是坦诚还是心虚，是诚恳还是伪善；而眼睛的瞳孔扩大，表示其内心的兴奋，瞳孔缩小，则表示内心十分厌恶。

第五节　情绪潜移默化地影响微反应

情绪和情感其实是一种内部的主观体验，不过，在情绪和情感发生的时候，又总是伴随着某种外部表现，这种外部表现实际上是可以观察到的某些行为特征。在生活中，我们称这些与情绪、情感有关的行为表现为微反应。

表情是微反应的一部分，而表情也就是指通过眼部肌肉、面部肌肉和口部肌肉的变化来表现各种情绪状态。在面部器官中，人的眼睛是最善于传情的，不同的眼神可以呈现出其内心不同的情绪和情感。比如，开心时会眉开眼笑，生气时会怒目而视，恐惧时会目瞪口呆，悲伤时会两眼无光……眼睛，既可以传递感情，还可以交流思想。在人际交往中，有些事情只可意会，不可言传，这时我们就可以通过对方的眼神了解到他内心的思想和愿望。除了眼睛这一重要的表情器官之外，口部肌肉的变化也是表现情绪和情感的重要途径，比如，愤怒时会咬牙切齿，紧张时会张口结舌，这些都是通过口部肌肉的变化来表现某种情绪的。

从前，有一个青年以制造面具谋生。

有一天，他的一位远方朋友来访，见面就问："你近来脸色不大好，到底是什么事使你生气呢？"青年十分疑惑，摇摇头回答说："没有呀！""真的吗？"他的朋友好像不大相信，也就回去了。

过了半年，那位朋友再度来访，见面就说："你今天的脸色特别好，和从前完全不同，有什么事情使您这么高兴啊？"青年还是这样回答："没有呀！"他朋友坚定地说："不可能的，一定有原因的。"

在他们交谈之后，这个青年才想起。原来半年前，他正忙着做魔鬼强盗等凶残的假面具，做的时候心里总是在想咬牙切齿怒目相视的面相，因此自然也表露在脸上了，看起来很可怕。而最近，他正在制作慈眉善目的假面具，心里所想的，都是可爱的笑容，脸上也随之显得自然柔和了。

一个人心里想什么、有什么意图，将很自然地呈现在脸上，这是绝对无法掩饰的。

其实，一个人内心的情绪除了影响到面部表情之外，还会潜移默化地影响到其他各种的微反应。

1.姿态反应

姿态反应可以分为身体反应和手势反应两种。一个人在不同的情绪状态下，其姿态反应也会发生不同的变化，比如高兴时捧腹大笑，害怕时双肩紧缩，紧张时坐立不安，等等，甚至，一个人举手投足、两手叉腰等姿态表情都可以表达其内心的情绪。

2.语调反应

语音、语调反应是表达情绪的重要形式，比如，朗朗笑声表达了愉快的情绪，而呻吟则表达了痛苦的情绪。虽然，言语才是人们沟通思想的工具，但语音的高低强弱，也是当事者表达情绪的重要途径。

心理启示：

一个人的微反应是内在情绪的外在流露，它具体表现一个人的情绪状态。一个人即便是毫无反应，但从其语音、语调，以及细微的面部表情，我们依然可以由此揣测出其内心是何种情绪。

第六节　透过微反应看其真实心理

既然，一个人情绪的外在表现即是反应，那在日常交际中，我们完全可以由表及里，看穿对方此刻的情绪。比如，在面部表情中，如果一个人满含泪水，那他此刻的情绪定是处于悲伤的状态；如果一个人满脸怒气，那他此刻的情绪定是处于愤怒之中。不仅如此，我们还可以通过其姿态表情、语调表情等各种微反应来窥测对方此刻的情绪。

孔子去齐国途中，听到一阵十分悲哀的哭声，于是对弟子说："这个哭声虽然很悲伤，但不是悼念死人的哀声。"随后，孔子下了车，问起他的名字，他说他叫丘吾子。孔子又问："这里不是悲哀的地方，你为什么哭得这么悲伤呢？"丘吾子长叹一声，回答说："我一生有三大过错，现在年老了才深深觉悟到，但追悔莫及，因此痛苦。"

孔子不明就里，便一再追问，丘吾子才说："我年少时爱好学习，周游天下，等回来时我的父母都死了，作为儿子竟不能为父母养老送终，这是第一过失；我做齐国臣子多年，齐君现在奢侈骄横，我多次劝谏都不被采纳，这是第二过失；我生平交友无数，不料到后来都绝交了，这是我第三过失。树欲静而风不止，子欲养而亲不待。去而不回的，是时间；不能见到的，是父母。我是个大失败者，还有什么脸面活在这个世上？"说完，丘吾子便投水而死。

一个人到了因悲伤而自杀的地步，他的哀情可想而知。而孔子正是从其"唉声叹气"的语音、语调中识别出丘吾子的哭声不是为了死者，而是有其他的原因，足可以见孔子识人之能。

虽然，情绪是一个人内在的心理活动，但这样的心理活动也会有外露的时候，即便当事人极力隐藏自己内在的情绪，我们依然可以从其一言一行中察出端倪。这样的情况对于我们自身而言也是一样的，当我们内心涌动着复杂的情绪，即使当时的情境不允许我们真实地释放出这种情绪，哪怕是百般掩饰，这种情绪也会从我们的行为中露出蛛丝马迹。如果我们看过演员的表演，就会知道这些情绪的泄露点在哪里：比如，当一个人强忍怒火的时候，也许他的脸部是平静的，但他的拳头一定是紧握的，而且如果你仔细观察，会发现那一簇怒火在其眼中不经意闪现。

心理启示：

在日常交际中，对于每一个人而言，适时察觉对方处于何种情绪，将有助于我们在与人相处时如鱼得水、左右逢源。比如，当我们在讲述某件事情的时候，对方是否有认真地在听，他在生气还是欣慰等，这些都是我们需要清楚地知道的。其实，要想知道对方此刻的情绪并不困难，只需要我们留心观察对方的脸色、谈话、举止、言行等，你就会从细枝末节中看出对方此刻的情绪。

第七节　微反应有时会背离真实心理

我们经常会说，反应是内心世界的镜子。但是，在某些场景中，这面镜子也会有模糊的时候。换而言之，反应与心理有时也会不对称。有首歌叫作“你的眼睛背叛了你的心”，其实，不仅眼睛是心灵的窗户，表情、语言、身体动作等，都可以在不经意间出卖我们内心的想法。著名的微表情大师保罗·埃克曼教授通过美剧《别对我撒谎》曾指出：“当一个人表达一件事时，他的表情、肢体动作和语言不同步出现、或许不协调的时候，很可能说明心中有鬼。”其原因，那是因为人的语言和表情可以被设计、伪装，比如一个面无表情的人，有可能他内心正是汹涌澎湃，那是我们无法用眼睛识别出来的。

生活中，我们经常看到这样的场景：当收到一份自己喜欢的礼物时，通常人会一边微笑，一边说“我很喜欢”；可是，假如对方先说“我真喜欢”，过了几秒钟，才露出笑容，那有可能他所表露出来的表情是违心的、虚假的，实际上他并不太喜欢这份礼物。同样的例子，当我们与人发生了争执，对方突然重重地拍打桌子，继而露出愤怒的表情，而且大声呵斥你，那也不用太在意，他很有可能是在装腔作势。假如这个人真的在生气，那他必定是一边拍桌子，一边大声斥责你。其实，这些都是反应与心理不一致的情形。

美国纽约心理学教授马克·萨勒姆被誉为“读脑大师”，他就好像是一台活的测谎机，可以靠别人身上最细微的表情和动作识别出他们是否撒谎。

在美国著名的“辛普森杀妻案”中，萨勒姆确信，辛普森的确是在杀妻案中撒谎了，他说：“隐藏了某些秘密，当辛普森被问及是否和这起谋杀案有关时，他的回答是：‘我100%无辜。’当他说这句话时，他的眼睛以我曾见过的最长、最慢的方式眨了一下。”

而在美国前总统比尔·克林顿在莱温斯基性丑闻爆发后，在电视上否认此事时，萨勒姆立即就知道克林顿撒谎了，萨勒姆说：“因为他在说这话时，垂下了自己的下巴。”相反，萨勒姆称希拉里的肢体语言却显示，她真诚地相信丈夫是无辜的，萨勒姆说：“她坚定的眼神和真诚的微笑都显示，她一开始就确信丈夫是无辜的。”

当反应与心理不一致的时候，大部分可能预示着这个人在撒谎。其实，随着人与人之间的交往，我们发现，在现实生活中，要想真的做到心理和反应完全一致，那这样的情形是微乎其微的。毕竟，每个人因情境或当时的需要，他们都会有意识地掩饰自己内心真实的想法。

心理启示：

对于那些反应与心理不一致的情况，难道我们无法揣测对方的真实心理了吗？当然不是，因为下意识的反应和动作是无法轻易被心理所控制的，在虚假表情闪现的某个瞬间，只要我们能抓住这个时间差，就可以拆穿对方的谎言。

第三章

解码常见的微反应：
快速明了对方的真实情意

生活中常见的微反应有很多，比如，一个人在受到批评、压力、否定等负面刺激的时候，常常会无意识地表现出一些寻求安慰的身体微反应，以缓解内心的不适之感。而这些细微反应可以透露出他们紧张、焦躁、恐惧或者厌恶的负面心理情绪。

第一节　领地反应——不可侵犯

领地反应是人在自己的“领地”中所表现出来的领导风范,通常在自己的地盘里,人会表现得放松、自在、威严,还可以丝毫不费力地指挥。假如有人敢于挑战自己的领地范围,则会引起强烈的警觉和反击。而在动物界中,有这样一种现象:以狗为例,它们的领地感十分强。在生活中,我们经常可以看到一只狗狗建立自己的“领地”行为,尽管这在人类看来不太雅观,狗狗们经常以自己为中心,用气味标出地界,每隔一段时间还会更新。比如,狗狗们会沿着平时行走的路线找一些固定的地点,比如树干、路灯、电线杆下撒少量的尿。如此一来,等另外一只狗狗来到这里的时候,就可以凭着这独特的气味了解到这里已经有主人了,通常情况下就不会再轻易地侵入。而先到的狗狗假如看到外来的狗狗侵犯此地,也会对它进行驱赶。实际上,外来的狗狗一般也会很识相,它们通常来到这种有主人的地界,行动都会十分小心,假如主人回来,它们一般不敢正面相对,避免发生矛盾,并会自觉离去。

尽管领地反应表面上带有低等动物原始生存的色彩,不过其实这种心理和反应方式在人类社会中也普遍存在。领地反应主要包括两种,一种对领地内事物的掌控感,另一种是对侵入领地者的防御和抵抗行为。

2012 年 12 月 18 日,英国广播公司报道,英国外交大臣黑格宣布,将以女王的名字命名英属南极洲领地的南部地区,作为英国外交部赠予女王登基 60 周年的礼物。这片南极洲土地位于英属南极洲领地的南部,尽管伊丽莎白女王本人不太可能视察这块领地,因为那里温度低、海拔高,不适宜人类生存。不过,黑格说:“英属南极洲领地是英国十四块海外领土中独特而重要的一块,把这块土地和女王陛下永远地联系起来,是极大的荣耀。”而女王本人也在社交网络上说:“黑格先生的这份礼物要比卡梅伦内阁送我的60个杯垫好多了。”

尽管,英国此举并没有得到所有国家的承认,因为这片与阿根廷、智利等国在南极洲声称拥有的领土互相重叠,所以对南极洲领地的所有权一直存在着争议。然而,英国以女王名字命名的行为,无非是想宣誓自己的所有权。而阿根廷等国对此问题的异议,则表示出不想放弃自己的领地权。

从国际政治角度而言,领地是指国家凭借军事、政治、经济力量所控制的领土,宣称对它享有独占的权利,不许其他国家染指。在日常生活中,人们盖房子,修篱笆是最基本的,除此之外,地方人士有外来朋友的时候,尽“地主之谊”也是这个道理。通常而言,人们在自己的领地中,微反应表现为“掌控感”,行为上轻松自如。

科学家罗伯特·安德列在著作《领域的必要性》中说道:“人类的领域感来自于遗传,并且根深蒂固而不易改变。”比如,那些每天都去图书馆学习的学生会发现,很长一段时间之后,自己会对图书馆某个座位有着特殊的感情,每次去都想坐在那里。即便是结婚十年的夫妻也会发现,尽管没有事先约定,不过两人各自习惯性地睡在床的一侧,而不会经常互换位置。这些都是领地反应的典型体现,领地反应有两种基本形式,也就是对领地的确认和对领地的保护。

1.心理暗示的身体语言

身体语言是人类自身“领地”确认的一种常见方式,比如明星在没有化妆的情况下,不愿意素颜面对观众,而这时正好有狗仔队记者拿着机器猛拍,这时明星就会做出将手臂向前方伸直,手掌张开,看起来有点像挡住镜头的姿势,实际上就是以手臂和身体的主体形成一个“保护圈”,心理暗示这个圈子内的范围属于自己,是别人侵犯不到的地方。

2.内心强烈的掌控感

通常情况下,公司的领导一般在日常工作中形成较为强烈的“掌控感”,在公司里面,即便是进入狭小的电梯里,他也决不会蜷缩站在角落里,而是双腿叉开,自然地占据较大的面积。主要是由于这是他的地盘,在潜意识他认为自己是可以做主的。不过,假如他是向上级汇报工作,就不会做出这样的动作了。

3.不可侵犯

领地反应还表现在不可侵犯,藏獒就有这样的特点。它们把自己所在的小环境理所当然地视为领地范围,具有很强的统领欲和占有欲。假如别的动物有胆侵入这片领地,它们就会勇敢地扑上去对其进行驱赶。同时,它们会对屈从者进行保护,对强大的冒犯者进行攻击。假如有陌生的动物进入它们的势力范围,它们就会表现出强烈的使命感和责任心,甚至可能丢下美味骨头,而选择保卫家园。

4.位置彰显领地

不管是中西,人们在入座时都会注意自己的位置,也会给领导者或德高望重者留出好的位置,这就是领地意识的表现。在西方,坐在椭圆形桌子或者长方形桌子两头位置上的人,往往是权威者,比如父亲,也就是一家之主。而在中国,长辈习惯于坐在八仙桌的上首,俗称“朝南”,这与古代皇帝坐北朝南的意义相同。

心理启示:

领地反应源于人们对自尊和被尊重的需要。作为人类社会的一员,要在群体中生存和发展,首要的意识是自尊,也就是在内心深处认同自己,甚至在一定程度上认为自己一定有一个方面强于他人。同时,需要通过各种形式获得外界的认同,也就是让别人也看得起自己,只有这样,人才可以心态积极健康地生活。

第二节 仰视反应——服从与合作

仰视反应是对自己能力高低、地位差异、胜败预测、优劣定位进行判断后的反应。由于进化积累的本能，使得人会仰视比自己高大的对象，蔑视比自己矮小的对象；相反，人也会本能地尽可能抬高自己的身体以期建立优势，也会在认怂的时候，将自己的身体放低。因此，观察一个人的体态高低，可以判断其内心的自我定位。在人的意识里，比自己大的东西是要仰视和敬畏的。

在远古时代，通常来说，体型较大的肉食动物不管是在捕猎还是在搏斗中，都会比较占据优势，同样的尖牙利齿，体型巨大的对手会造成更严重的伤害甚至死亡。而人类的祖先在群居时，身体高大的猎手也比较容易捕获更大的猎物分给同族人，为群体的生存提供更加充足的食物。而大自然的鬼斧神工所造就的参天古木、悬崖巨石，都会让懵懂的人类产生发自心底的压倒性震撼和对遥不可及的神秘事物的仰望与敬畏。在人们看来，“大”代表着人类无法触及的神秘，代表着斗争实力上的绝对优势。这种代代相传的生存与死亡的记忆，逐步深深地烙印在了人类的意识当中。所以，在文明诞生之后，建筑物的大小与主人的身份地位成正比。

在一幕古装剧中：雍正皇帝的军务大臣年羹尧在西北平定叛乱，立下了赫赫战功，其妹妹华妃宠冠六宫，每天打扮得花枝招展，像开屏的孔雀一样与皇后叫板对阵。年羹尧回到京城之后，眼高于顶，对与他同朝的大臣不屑一顾，只有看见了皇上，总算还记得自己的姓名，言语上还知道“谦卑”一番，然而其内心的傲气早已洋溢在外，他身体的每一个动作、身上的每一处毛孔都透着“恃宠而骄”的心理。

有一次，皇帝面见年羹尧，除了赐坐，少不了一番推心置腹：“你与朕在外是君臣，在内是亲戚。你我君臣，一定要做一对千古榜样人物才好。”年羹尧听后，身体竟快速向后仰了一下，下巴抬起，双手双脚都呈敞开状，回道：“臣必当粉身碎骨，以报君恩。”皇帝听后，眼神有一瞬间的游移，短暂地落在年羹尧双脚的方向，和蔼地说道：“你便坐好吧，动不动就谢恩。”

在这里，大臣面对皇帝大部分时间都谨小慎微，为尊上者内心深处也享受着这份小心，因为这小心里是对权力的服从，而年羹尧身体后仰、下巴抬高，尽管言语上感恩戴德，不过身体的姿态已经表明他的身心十分放松，绝对不是在诚惶诚恐地谢主隆恩。结果，一个小动作就将年羹尧的恃宠而骄、得意忘形表现得淋漓尽致。

1.抬高下巴的动作

即便是在人们的感觉中，抬高下巴的行为也是让人心生不悦的，因为这个动作中总透露着一丝不屑和傲慢。这表示行为人本身具有一种十分强势的自我认同和角色定位。当然，“我天生就比你高贵”与日常交际“互相尊重”的人际关系相悖，除了在森严的等级社会中用于树立为上者的权威之外，在其他任何人际关系中都没办法真正讨好，毕竟所有人都希望自己被平等对待。

抬高下巴属于仰视反应的典型体现，同微反应的其他原理一样，也是在人类漫长的发展和进化过程中慢慢形成的。在原始社会的群体生活中，人们渐渐发现高大的人有一种天然优势，他们可以摘到更高处的果实，有更大的力量和更强烈的震慑感，在与野兽作战时有更大的把握和胜算，人们觉得这样的人比自身更有能力，不禁产生了敬畏感。

这种对“高大”的尊重原本产生于现实的物质生活领域，后来，在人类进化过程中慢慢得到强化。后来，体力劳动在人类生活中的作用慢慢被弱化，智慧的力量渐渐凸显出来。于是，“高大”又延伸出了精神上更高一层的内涵，仰视行为由物质生活的需要演变成了社会礼仪和精神追求。所以，抬高下巴几乎可以作为傲慢的经典动作，若是加上面露不屑，甚至不正眼看人的情况，傲慢的心态就表现得更加明显了。

2.趋下的肢体动作

诸如低头、藏头、谨慎迈步、并拢双腿、屈膝等姿态则是人自我定位较低、将自己放在较弱势位置的体现。中国传统的儒家文化强调尊重父母、君上，于是这些动作经常发生在下对上的动作之中。比如有名的“孔鲤过庭”故事中有“鲤趋于庭”的说法：孔子的儿子名叫孔鲤，有一天孔子在庭院中问儿子话，因为在父亲面前，孔鲤做了一个很有礼貌的动作，即“趋”，这在古代有小步快走的意思，碎步走以回应长者的召唤。

当然，“趋下”也表示尊重，比如在宴席间敬酒，有一个心照不宣的礼仪：后辈或身份、地位低的人都懂得将酒杯杯身放低，以自己的酒杯上半部碰对方酒杯的下半部，以表现一种“就下”的态势，这是仰视反应衍生出来的。而“尊上者”若是修养良好且待人和蔼，往往也会将酒杯降低以表示尊重对方，双方人格平等，不以地位论英雄。

心理启示：

仰视反应不仅仅表现在身体的本能动作上，同时也存在于所有人的心灵深处。在现实生活中，切不可轻易露出“傲慢”的微反应示人，尽管微反应是人体本能的反应，不过这种本能是由人内心的自我定位设定的，当我们内心将自己与别人平等地放在一条水平线上时，这种让人反感的小动作自然会减少。实际上，每个人对自己的评价都是极高的，而做出傲慢的动作等于强迫将与自己交往的对象处在一个“下”的位置，必然会引起对方的反感。

第三节　安慰反应——释放压力

心理学家认为,当一个人在受到批评、压力、否定等负面刺激的时候,常常无意识地表现出一些寻求安慰的身体微反应,以缓解内心的不适感。这些细微动作可以透露出他们紧张、焦躁、恐惧或者厌恶的负面心理情绪。

而安慰反应呈现在身体上,也会有不同的反应:

1.口唇安慰

在孩童时代,口唇是获取快乐的主要来源,通过口唇的吸吮、咀嚼和吞咽,可以满足婴儿的大多数需求,从而建立信任和乐观的人格特征。而我们还可以通过另外一个角度解释,假如缺少了必要的口唇刺激,比如过早断奶,那婴儿可能会产生悲观、不信任、愤世嫉俗或者攻击型的人格。

然而,由于口唇期反应留在人体神经系统的影响太过于深刻,因此在成年之后,依然会存在许多相关的近似于本能的反应,表现为某些行为退回到人生的早期发展阶段,心理学称之为"口唇期退行"。举个很简单的例子,一个人在面临压力的时候,通常会采用一些行为带来安慰,比如吸吮手指、咬铅笔、吃糖果,以及吸烟和吞咽口水等,因为这些动作可以通过口腔或相关器官来告诉自己的神经系统:别怕,没关系,我在吃东西了。

心理学家认为,咀嚼和吞咽的动作直接把"吃"的信息反映给中枢神经系统,有东西吃总是好的,因为有东西吃意味着不会挨饿,可以生存下来。长时间的进化,使得中枢神经系统对"吃"这个动作总是比较满意,十分乐意。这就是为什么人在心情不好的时候,大吃一顿可以在某种程度上改善情绪的原因。

这种通过咀嚼、吞咽等口唇感觉的满足来改善心情的方式，是安慰反应之一的动作，我们可以称之为“口唇安慰”。当然，口唇安慰除了大吃一顿之外，更多的情况是“吃”这个动作的变形，主要包括：磨牙、咀嚼和咽口水等。

2.眼睛缓解压力

据说，假如婴儿每天睁开眼睛的时候能看到妈妈的笑脸，他将来就会很爱笑，很开心，而且长得很漂亮，许多妈妈对这一点都深信不疑。尽管从科学的角度来看，能否长得漂亮，与婴儿能否看到父母笑脸之间并没有直接关系。但是请不要失望，因为视觉上的舒适和宽慰，确实可以促使一个人的心情好转。假如婴儿常常可以看到父母的笑容，确实会变得性格开朗，容易开心、爱笑，这些都源于不断积累的安全感和自信心。毕竟，一个人笑着的时候，会比板起面孔漂亮得多。

当然，婴儿长大之后，眼睛看到的不会总是父母温柔的笑容，还会看到许多让自己不高兴的负面东西，而且随着年龄的增长，他们也不会单一满足于父母的笑容，还会拥有更多的视觉需求，比如美人、美景、艺术品以及可以引发美好幻想的东西。但是，有两条规律还是不会变的：所看见的东西一定是良莠俱存，即便是本事再大的人也没办法掌控；所看的东西一定是喜欢看喜欢的，不喜欢看不喜欢的。其中，后者道出了人们最基本的心理偏好，它的深层实质内容是：看喜欢的东西，会让人心情愉悦；看不喜欢的东西，会让人心情变得糟糕。

而在测谎实验中，瞳孔实验可以强有力地证明这一点。瞳孔是虹膜中间的一个圆孔，负责把光线透入到视网膜上，其物理功能是光线变强的时候，瞳孔就会渐渐缩小，以防过强的光线刺激视神经；光线变弱的时候，瞳孔就会放大，尽可能让更多的光线投射到视网膜上，以获得清晰的图像。而这一系列动作都是由控制虹膜的平滑肌来完成的，而平滑肌只受自主神经系统控制，不管你如何努力，也不能进行主观控制。

值得一提的是，随着进化的演变，人的瞳孔反应也变得越来越复杂和高级,大量的实验证明:一个人在看到喜欢的东西时,瞳孔会放大,比如赌徒看到一手好牌;而看到不喜欢的东西时,瞳孔则会缩小,比如血淋淋的场面,以尽可能避免受到负面刺激。当然,只有瞳孔变化的人,那便是极有心机的人,即便内心波澜壮阔,外表也是丝毫不动声色。通常情况下,一个普通人看见美女肯定会眼睛睁大,惊叹不已;看见血淋淋的场景,则会紧闭双眼,大声尖叫。

心理启示:

当一个受到外界恐惧源的刺激,由于其内心的压力,就会想寻求一种心理上的安慰。因此,一旦这样的情况真的出现了,在他们身上就会出现“口唇安慰”“视觉安慰”等细微行为,以此达到安慰自己的目的。

第四节　逃离反应——厌恶或恐惧

所谓逃离反应,就是人在感受到厌恶或恐惧的时候,所产生的一种反应。当冻结反应不足以消除危险的时候,或者在威胁逼近、升级的时候,边缘系统的第二个方案就是逃走,这种反应被称为“逃离反应”。造成这种反应的源头是,那些对人构成威胁的刺激源足够强大,人没有改变局面的信心,因此会造成人的逃避心理。假如一个人出现了逃离反应,那别人就能够判断出,这个人对眼前的东西产生了厌恶或者恐惧。

与冻结反应一样,这也是人与生俱来的一种自我保护措施。不过在现代社会中,能让人们做出逃离反应的事情越来越少了,但是我们的逃离反应依然发挥着作用,更可怕的是,它随时都有可能暴露我们的内心。

有一次,几位警察在机场巡查,他们的目标是一个潜逃中的连环杀手。

他们知道，这个人很有可能已经易容改装，想要抓到他并不是那么容易，因此他们提高警惕，四处寻找，不错过蛛丝马迹。

但是在找了将近半个小时之后，警察们依旧一无所获。这时候从机场外面进来一个人，看起来和其他人并没有什么区别，向登机口走去。这时一个机场的安保人员从他身边经过时，不小心撞了他一下，那个安保人员马上向他道歉，他仅仅是点点头，并没有说话。

而这一切都被警察们看在眼里，警察们注意到，在安保人员和他身体接触的一刹那，他的脚马上摆出了一前一后的姿势，类似于运动员在起跑线上所采用的起跑动作，这是最典型的逃离反应。警察们马上前去“请”他谈一谈，果然，这个人正是警察们要找的那个连环杀手。

警察们之所以判断那个人有问题，是因为对于一个普通人而言，机场安保并不能对他们构成威胁，因此不会因为安保人员碰他一下就产生逃离反应，而这个人却表现出了明显的逃离反应，只能证明他心里有鬼。

又比如，警察抓到了一个在逃多年的逃犯，他手上掌握着关于犯罪集团的重要线索。不过不论警方怎么样审问，他始终闭口不答，无奈之下，警方只好求助于FBI审讯专家。结果审讯专家到了现场之后，他眼里所看到的是这样一个人：多年的逃犯生活，让他显得有点神经质，好像总是在悄悄地观察四周的动静，神情十分猥琐。而这些反应就是典型的逃离反应。

那么，逃离反应在肢体语言上有哪些行为呢？

1.身体的转动

通常逃离反应较容易出现在多人对话的场景和在比较开放的空间环境中对话时。当不喜欢当下正在说话的这个人时，许多人都会将身体转向另外一个人，虽然脸上可能没有表现出厌恶的表情，不过这种肢体行为已经将此人的内心暴露了。

警察局派遣卧底潜伏到某犯罪组织，试图瓦解这个犯罪组织。这个卧底发现，这个犯罪组织结构严密，犯罪行为隐蔽，要想一举破坏对方，只有从内部下手,不过自己缺少的就是这样一个机会。

有一天,这个犯罪组织搞聚会,很多头目都来参加。在聚会中,这个卧底敏锐地感觉到,在他们老大讲话的时候,组织中的副手尽管一脸的笑容,不过身体却转向了别处。卧底意识到,副手对老大有所不满,这也许是从内部瓦解对方的一个好途径。因此从那以后,他开始刻意挑拨两人的关系。

果然,没过多长时间,这个犯罪组织就开始内讧。内讧大大削弱了这个组织的实力,很快便作鸟兽散了。就这样,一个让警方头疼了很久的组织,就这样被瓦解了。

在案例中的卧底,就是敏锐地观察到副手一个细微的肢体动作,从而洞悉了对方的内心想法。在现实生活中,一个人的肢体语言也同样会被有心人观察到,其内心所想也可能会因此而暴露。因此,当我们在面对一个人的时候,不管自己内心是怎么想的,在还没有必要摊牌之前,那就用一颗平常心去对待,而我们首先要做的就是不要转动自己的身体。

2.手部动作

在逃离反应中,手的反应是不太直观的,这是因为手部的逃离不是通过动作体现出来的。当一个人有了逃离反应的时候,实际上他的神经系统已经开始为逃跑做准备了。这时候身体里的血液会向腿部集中,而手部则显得供血不足,因此会冒冷汗,手上发冷,而这些特征都是没办法观察到的,所以说手部的逃离反应不太明显。不过,在某些特定的场合,比如一些正式场合需要握手,这个特征就会显得非常明显了。由于手部的逃离反应完全是生理上的反应,不能用理智加以有效克制,因此,假如你感到自己手心冰凉、冒虚汗的时候,那需要避免和他人握手。

3.脚部动作

从科学的角度而言,想要控制自己的脚要比控制身体其他部分更难,因为脚是离中枢神经系统最远的一个器官,因此不容易控制。美国有位前 FBI 特工就曾经在书中总结过:“从头到脚,可信度逐渐增强。”

假如两个人是站着说话的，不管身体其他部分是怎么样的状态，双脚脚尖一定是指向对方的；假如是坐着说话，双腿延伸线形成的扇形区域，会把对方涵盖在中间。不过当一个人产生逃离反应之后，脚会马上改变方向，这是典型的“准备逃走”的表现，同时也是逃离反应最直接的体现。而发生在脚上的逃离反应，尽管不容易被人察觉到，不过一旦被人发现，那么对方就可以确定你此时的心理状态了，因此，假如我们想要藏住心，那就要控制自己的脚。

心理启示：

心理学家认为，当一个人面临危险、伤害等威胁而又无法战胜对方时，通常想做的事情就是快速逃离，以便保全自身。这时他们的内心会感到不安、恐惧、厌恶甚至是愤怒。准备逃跑时，血液循环会自动将更多的血液从全身其他位置抽离出来，输送到逃跑用的下肢中，这样身体其他部位就会出现血液颜色减退的症状，而下肢则表现为肌肉紧张、兴奋甚至轻微颤抖。

第五节　距离反应——亲疏有间

美国有一位人类学家爱德华·霍尔，他对人与人的身体距离及与其相关的人际心理研究得很透彻，他将人际身体距离分为四类，并认为这同时代表了人与人之间的心理距离。这四类分别是亲密距离、个人距离、社交距离和公共距离。亲密距离通常是指亲人、爱人、密友之间，空间范围在 0~0.5 米；个人距离指的是没有身体接触的距离，平时生活和工作场合中的人际交往都适用这个距离，范围是 0.5~1.2 米；社交距离是 1.2~3.5 米，主要是在正式的场合，比如外交活动、商业洽谈等；公共距离指的是公开演说时，演讲者与听众之间的距离,范围在3.5~8.3米,距离比较远,说话者不能用正常的音量进行交谈,而是需要借助工具。

尽管时代在改变,这几个数据也会随着新的情况而改变,比如在上班高峰期拥挤的公交车上,人与人之间的距离不得不被拉近,这与上面所列举的范围无法对应。不过这个理论的基本原理依然是适用的,即便车厢已经像一个蒸笼,不过人们依然会尽可能地回避与陌生人的身体接触,抑或尽可能挪出一个小小的空间让自己可以远离陌生人的气息。

晓阳慕名到一家发型工作室做发型,原来她和朋友来这里的时候,通常都会对设计师感到十分满意,但是这次她接受服务的时候却出现了一点小问题。就在晓阳跟发型师沟通15分钟左右的时候,她坚持要换掉一个发型师。店长不清楚原因,但晓阳又坚决不说出原因,无奈之下,店长只好给晓阳换了一个发型师。

后来,晓阳和自己的好朋友说出了原因,原来那个发型师在沟通的时候离她太近了,让她感觉到十分别扭,内心深处有一种莫名的愤怒。尽管,那位发型师的本意并不想冒犯她,不过低头说话的时候离得太近,示范发型时将自己的手指和晓阳的头发、脸部、耳部的接触面积太大,都是让晓阳感到不悦的原因。

在生活中,这样的事情倒是比较常见,它所反映的是"身体距离"与心理距离的关系。在上面这个案例中,晓阳和发型师的第一次接触,彼此都还不熟悉,是较为单纯的商家和客户的关系,特别是对于一名年轻女性而言,可以接受一个陌生男性靠近自己的范围是有限的,尽管对方没有侵犯之心。

在大学校园里,有一种常见现象也体现了这样的原理。在一堂课上,假如有两百名左右的学生听课,学生们来自各个不同的院系,每天都可以自由就座。不过,特别有趣的是,学生们每次坐的地方都没有太大的变化。那些成绩拔尖、学习积极、有自己的见解并进行较好的课前预习的学生,经常会坐得离讲台很近,许多还会特意坐在第一排;而那些成绩不好、不能很好地回答老师问题的学生，都会坐在与老师相隔很远的位置。实际上，这些学生就是通过身体距离来表明与老师不同的心理距离：那些努力学习的学生乐于表达对老师的亲近，同时很有自信能够回答老师的提问；学习不积极、甚至原本打算在课堂上找时机睡觉的同学自然就要尽可能地躲开老师们的视线。

身体距离就是经常所说的“私人空间”，这并不是一个有形的存在，而是围绕在人的身体四周的一个抽象范围。在地铁或者公交车上，当人们上车的时候，通常都会选择人少的地方落座；在食堂吃饭的时候，大家都会挑没人的桌子坐下，假如实在人多，才会考虑与其他人共用一张桌子，虽然一张桌子能够坐四人。当别人侵犯合适的私人交往距离时，你自然而然地就会产生一种厌恶的情况，并试图以行动拉开距离。当然，这样的情绪还会给你消极的心理暗示，让你对这个人产生不好的印象，甚至心生反感。

心理启示：

心理学家认为，身体距离与心理距离有一定的映射关系，这个原理在生活中有较为广泛的体现，一些聪明的人可以巧妙地利用这层关系判断自己在他人心目中的位置以及人群中几个人之间的亲疏关系，同时还可以拉近自己与他人的距离，应用空间是非常广阔的。

第六节　冻结反应——瞬间静止状态

在烈日炎炎的大草原上，一头羚羊在休闲地吃草，忽然感受到空气的流动发生了细微的变化，其中还夹杂着些许食肉动物的腥气扑鼻而来。这时由于身体的正常反应,羚羊停下了所有的动作,将大部分感受器官都集中在头部,它将头抬高,尽可能用眼睛、鼻子、耳朵和身上的每一根毛发来判断:是否有危险？危险来自于什么动物？它们有多少？它们的速度有多快？它们距离自己还有多远？自己能否保证安全？需不需要逃跑,还是战斗？逃跑的话会不会中埋伏？这么多的问题,需要羚羊在一秒钟之内判断出个大致结果,否则只能让自己葬身敌腹。

在这里,羚羊身体的第一种防御战略就是冻结反应,因为移动会引起注意,一旦感到威胁时马上保持静止状态,这就是边缘系统为人类提供的最有效的救命方式。理由是许多动物,特别是大部分的肉食动物会对物体的移动十分敏感。

在一个学校里发生了一起女教师被谋杀的案件,警察快速赶往学校,对学校里的可疑分子进行排查。经过一番调查,警察发现,学校没有一个人和这位教师有过冲突,根本就没有理由杀害这位教师。

无奈之下,警察只好和校长握手告别,另谋出路。然而,就在和校长握手的时候,警察发现这位校长的手掌冰凉。对此,警察认定,这位校长是在内心极度恐惧的前提下才会产生这样的“冻结反应”。

对此,警察不禁发出了疑问:他为什么会感到恐惧？是不是和案件有关？揣着这样的问题,警察把刑侦对象放到了校长身上。通过调查,终于真相大白。原来这位校长和女教师有私情,而女教师则以此威胁校长,于是校长痛下杀手。

结果,一起特大杀人案件,就在一次不经意的握手中找到了真相,这就源于冻结反应。

在生活中我们经常会看到诸如此类的冻结反应:家里养的一些小动物,比如兔子、猫、狗等,一旦它们感受到什么别样的气息,反应就是停止自身的一切动作,只把耳朵转向声音的来源或者盯住它们觉得有异样的地方;假如一个房间的朋友在聊天,忽然出现了意外的敲门声或其他情况,大家的第一反应就是会暂停一切动作和语言，或许很短暂，不过大家肯定会有这样的反应，而不是立即用新的动作来对意外情况进行处理。

心理学家认为，冻结反应还会出现在人很紧张的时候，比如快到轮到你在大众面前说话或者表演的时候，又或者见到重要的人物时，人们经常会屏住呼吸或者做浅呼吸。假如在心理测试的过程中，被测试者忽然因为某一个问题或者情境而出现了短时间的冻结状态，那就是需要抓住的微反应。

冻结反应通常是静止不动，或者是由于约束而重复做同一个动作等，不过这并不是冻结反应表现的全部。冻结反应具体表现为：

1.呼吸

冻结反应的第一个表现是呼吸，我们经常说"大气都不敢喘"，这就是经典的反应之一。当一个人在受到惊吓的时候，第一本能反应就是快速吸一口气，留着备用。不过他们在遭遇恐惧的时候，特别是迫于客观条件不能逃跑、不能反抗的时候，则会出现屏住呼吸或者减弱呼吸的冻结反应。自然，呼吸的冻结反应不容易观察到，因为没有谁可以一眼看出其他人是在呼吸还是在憋气。

2.手势动作

冻结反应体现在肢体语言上，首先发生作用的就是手势动作。我们都会有这样的感觉，当自己第一次站在一个大舞台上面，面对着台下数百观众的注视，肯定会感觉浑身不自在，甚至连自己的手都不知道应该怎么摆放了。而有的女士则经常习惯于将自己的双手相握放于身前，这个动作看起来有些可爱。而实际上，这是女士们紧张情绪的一种暗号，假如她们的手不这样互相约束的话，她们简直不知道把它们放在哪里好。

而男士经常见到的动作就是将双手拉住背在身后，这常常被人认为是沉稳大方的表现，不过实际上也是出于紧张。比如将双手插入裤兜，用袖筒将手拢起来，还有新手主持人用一只手拿住麦克风，另外一只手插入裤兜，这也是手部的约束性动作。实际上，这些姿势的出发点是一致的，都是通过外力来约束手部,这些手的反应在具体的情境中,都是在不知所措的情形下所发生的冻结反应,映射了内心的紧张和焦虑。

3.脚部动作

冻结反应所表现的肢体语言还体现在脚上,脚上的冻结反应主要体现在,当一个人感到恐惧的时候,马上会把脚摆到即将要逃跑的状态中,这时人的腿部为了准备逃跑而会大量充血,身体其他部分则供血不足,还会有手心发凉的表现。

4.面部表情

心理学家认为,除了呼吸和手脚的反应之外,冻结反应还有一个表现,那就是表情。通常情况下,在冻结反应中,人的面容会瞬间僵化,假如负面刺激压力过大,冻结反应也会呈现在脸上,让人失去礼仪和修养的矜持,表现为面部肌肉僵化,表情僵硬。在这个表情呈现过程中,即使是最灵动的眼睛也会表现得呆滞,尽管因为需要继续观察,还有轻微的运动,不过总体上是盯着负面刺激源,便于寻找后续的解决方案。

假如你发现一个人表情僵硬、眼神呆滞,总是盯着一个地方,那么他很可能是产生了冻结反应,而他所注视的地方,就是让他感到恐怖之所在。

当然,冻结反应也会造成一些负面影响,比如,我们在过马路的时候,忽然有一辆失控的卡车从意外的地方冲了出来,这时最好的选择就是赶紧逃走。不过实际上,许多人这时会被冻结反应所控制——愣住了。从而失去了最好的逃生机会,酿成惨祸,这是冻结反应的负面效应。

心理启示:

简而言之,当一家人正在吃饭的时候,忽然听到门外传来十分巨大的敲门声,这时人们会是什么样的反应呢?是不是所有人都停下吃饭,看着门口,没有人发出声响,在数秒之后才会有所反应,在那一刻,时间和空间好像是被冻结了一般,这就是冻结反应。

第七节　胜败反应——荣辱皆惊

生活中，我们常说："胜不骄，败不馁。"这是一个大将面对成败时举重若轻的态度。不过这样的风度毕竟不是人人都有的，人们之所以会如此推崇这句话，正是因为大部分的人实际上都做不到这一点。而宠辱皆惊，患得患失才是大部分普通人的正常反应，这是比较符合人性的，不管人们怎么努力隐藏，还是会从微反应中表现出来，这就是胜败反应。胜败反应之所以可以帮助我们洞悉别人的心理，是由于这些身体微反应，不但表现出胜利和失败两种结果，而且还可以反映当事人的心态，这是极其关键的。换而言之，我们可以从中看到人们面对成败结果的时候，到底是兴奋、得意，还是悲伤、压抑，这些心理可以便于我们选择接下来与之交往所要采取的策略，从而可以推测当事人未来将进行的活动。

1.胜败反应的情绪呈现

胜利反应表达的情绪主要有炫耀、得意和兴奋，其典型表现有诸如高举着双手、跳跃、高声呼喊、摇头晃脑等；而失败反应的情绪主要有哀伤，表现主要是神情不振、委靡。除此之外，还有一种变形形式。一个人对自己的满意度较高，长时间在潜意识里将自己摆在"胜利者"的位置上，就会常常保持"抬头挺胸"的姿态，看起来非常强势；反之，一个人假如被接连的失败引发了自卑感，在姿态上就会出现身体收缩、弓腰驼背的姿态，行动上显得畏畏缩缩。

2.胜败反应的动作

胜败反应的动作十分有特点，也就是典型的"向上"和"向下"表现。胜利的时候，所有的动作抬手、跳跃等，都是耗费较大能量的，因为这是一种反重力的动作，需要使力，这也是胜利之后人的精神好像被“充了电”的表现；而失败反应则相应都是向下的，是顺着地心引力的趋向，可能是被对峙及其之后巨大的悲伤和绝望情绪用光了能量的结果，就好像是被霜打的茄子。

心理启示：

胜败反应是较为容易理解的一种微反应类型，人们经常在照相时用食指和中指组合成一个“V”字形的手势；运动员在奥运会上夺冠之后，会大力弹跳起来，双手握拳。而那些战斗中的失败者就会在一瞬间好像失去了全身的能量，眼神委顿，双手下垂；而那些被抓住的罪犯，在被捕的时候，更是可能一下子支撑不住身体，全身就好像一滩泥一样瘫倒在地，这就是胜败反应的典型表现。

第四章

观察表情微反应：
分析他人内心喜恶

微反应包括了表情反应，心理学家认为“微表情”是一种下意识的反应，并不受我们大脑的理性控制，通常会在我们意识不到的情况下表现出来，而这些表情所映射的恰恰是我们内心的真实心理。

第一节　一闪即逝的表情微反应

不知道朋友们有没有仔细观察过,在每一个主要显露的表情之中,都会有另一个细微的表情显现出来。只是,这个表情往往隐藏在面部表情之中,若是不仔细观察,是难以发现其中的奥妙的。最为关键的是,那些主要显露的表情之下的细微表情才是其真实情绪的呈现,那些微表情就隐藏在眉宇之间、眼神中、嘴角边,如果不仔细观察,是发现不了的。这样一来,我们就很容易被人欺骗。

梁惠王雄心勃勃,广纳天下贤才。有大臣多次向他推荐了淳于髡,因此,梁惠王频频召见了那位颇具才干的淳于髡,而且,每一次都屏退左右与他倾心交谈。但召见了两次,淳于髡都沉默不语,弄得梁惠王很尴尬。

事后,梁惠王责问大臣:“你说淳于髡有管仲、晏婴的才能,我怎么没看出来? 他只是沉默不语,我看你是言过其实。”大臣以此话问淳于髡,淳于髡只是笑了笑,回答说:“确实如此,前两次我都沉默不语,但我不是故意的,而是另有原因。我也很想和梁惠王倾心交谈,但第一次,梁惠王脸上有驱驰之色,想着驱驰奔跑一类的娱乐之事,所以我就没说话;第二次,我见他脸上有享乐之色,是想着声色一类的娱乐之事,所以我也就没有说话。”

大臣将此话告诉了梁惠王,梁惠王回忆了当时的情景,果然是淳于髡所言。这时,梁惠王不禁佩服淳于髡的识人之能,也终于相信了大臣所言,开始重用淳于髡。

在这个典故中,淳于髡正是利用了梁惠王流露出来的细微表情,洞悉了其心理的真实想法,也是因为如此而赢得了梁惠王的尊重和信赖。由此可见，观其脸必先观其表情矣，在与人交往的过程中，不要错过对方脸上闪烁的细微表情，抓住它，你才有可能看清其真实性情。

心理学家提醒朋友们，细微表情是情绪的外部表现，这是由躯体神经系统支配的骨骼肌运动，是感情活动的外显行为，它所反映的是一个人的心理。我们可以说，表情是无声的语言，人们在与人相处的时候，即使他想掩饰自己内心的想法，但还是会下意识地从细微表情中表达出自己的情绪。对此，在与人接触的时候，我们需要仔细观察对方的神态，从细微表情中把握对方真正的想法。

心理启示：

在所有的生物中，人的表情算是最丰富、也是最复杂的。据统计，人的脸部能做出的表情多达25万种，恰恰是如此丰富的表情使得人们之间的交往变得复杂而细腻。在生活中，我们常常发现人们脸上的表情跟其内心的情绪恰好相反，这是为什么呢？其实，这是人们在潜意识里不愿意让对方看出自己心理的变化，他们会用看上去比较自然的表情来阻止自己内心情绪的外泄，以此来隐瞒自己的真性情。那么，我们是不是就不能窥破对方的真实心理呢？当然不是，狄德罗在《绘画论》中说道："一个人，他心灵的每一个活动都表现在他的脸上，刻画得很清晰、很明显。"

第二节　喜悦微表情，展现其内心的愉悦

虽然，我们将喜悦的表情定义为"笑"，但是，当我们遇到各种不同的喜事时所呈现的喜悦表情是大不一样的，这是因为喜悦的程度往往是不一样的。有可能我们遇到的是一件愉快的事情，也有可能是天大的喜讯，当这些

不同的喜事出现的时候，我们所能体现在身体上的表情是不同的。

人们在开心时会不由自主地笑，笑是人的一种平和心态以及善良的内心表现，同时也是一个人体内安多芬分泌物增高的时候。当外界的一种笑料变成信号，通过人的感官传入大脑皮层，大脑皮层接到信号，就会立即指挥全身肌肉或一部分肌肉动作起来，于是出现了笑。有的是嫣然一笑，笑容可掬，这是一种轻微的脸部肌肉动作；有的则是爽朗的笑，这样不仅脸部肌肉动作，而且发声器官也动作起来；有的是捧腹大笑，这时会手舞足蹈，甚至全身肌肉、骨骼都动员了起来。

下面，心理学家就列举遇到各种喜事的不同喜悦表情：

1.生活小喜

生活中经常会出现一些小喜，诸如早上起来发现空气很清新，到了公司发现今天的工作很容易，下班时接到了朋友的邀请电话，等等。这些小喜事虽然难以给我们的心情带来很大的波动，但足以让我们露出微笑。这差不多算是最自然的微笑，当我们想到这些美好的事情，便会不自觉地露出笑容。

2.人生大喜

人生大喜也就是对于一个人一生而言的大事，诸如他乡遇故知，金榜题名时，洞房花烛夜。因为这些事情对于我们一生而言，都是一件大喜事，对于这样的喜事，不仅仅会笑，简直是喜极而泣，也就是说高兴到了流泪的程度，也可以用手舞足蹈来形容。这时的表情是复杂的，因为内心的喜悦之情是无法用语言来描述的，因此其表情有可能会走向极端，比如大哭，这表示着期待已久的事情终于成真了，所以他的情绪与表情才会呈现出如此复杂的情形。

3.意外之喜

所谓意外之喜，也就是我们意料之外的喜事，诸如捡到了钱，中了大奖等。既然是意外之喜，那定能给我们的情绪造成极大的波动，尤其是中了大奖。当这个人无意中得知自己中了大奖，定先会是惊讶、不相信，继而是狂喜，如果一个人心理承受能力相对薄弱，那估计精神会暂时失常，导致神志不清。狂喜的表情是可以想象的，大笑，整个身体都会露出笑的表情，连走路都带着欢悦的情绪。

有人说，笑容是最复杂的表情，这是一种很复杂的生理运动。微笑可以适用于各种社交交往情境，甚至可以在没有相应情绪的情况下，轻松地做出礼节性的微笑表情。对于这样的情况，捕捉、过滤和分析笑容，也是不容易的。生活中，我们经常会看见大笑的表情，大笑时整个脸部都发生了明显的变化，甚至这样的表情超过了其他的表情，就好像痛哭一样。

在上面我们已经提到过了，不管是大笑还是微笑，都是由两组肌肉主导而成的。第一组是笑容专用肌肉——颧大肌，颧大肌十分专业，其作用是将嘴角向两侧拉伸、向上提起，主导促成了整个下半脸的全部笑容形态，其他肌肉的运动就开始配合这个主导动作。第二组是眼轮匝肌，这个器官在许多表情中都会作用，比如厌恶、愤怒等。在大笑中，眼轮匝肌是不可缺少的，假如笑容中仅仅有嘴部的动作，而没有眼部的动作，那整个笑容看起来就是虚假的笑容，类似于皮笑肉不笑。

那么，在大笑中，如何可以看出对方是否全身心投入呢？

1.眼睛的变化

当强烈的愉悦情绪一旦产生，就会出现眼轮匝肌的强烈收缩，这时在强烈收缩的作用下，笑容中最明显的变化就是下眼睑会凸出、变短，向上提升并遮盖部分虹膜下缘。与此同时，由于上下眼睑的互相挤压，鱼尾纹就会在眼角外侧出现。因为脸颊的隆起和提升，脸颊和下眼睑之间形成笑容特有的表情。

最关键的一处在于，大笑时的眼睛的闭合大多数是从下往上的，下眼睑绷紧并向上闭合为主导，上眼睑的下压动作十分小。而这样的形态只会出现在笑容中，在其他表情的眼睑闭合中，都是上眼睑的动作为主导。

2.嘴和脸颊的变化

在大笑时下半脸主导肌肉是颧大肌,强烈的收缩会将嘴角向两侧耳朵的方向拉伸,这让上唇提升并拉长,这时提口角肌、提上唇肌等其他与上唇相连的肌肉也会收缩,不过,这些动作并不会起到主导作用,而是在颧大肌的动作下配合运动。上嘴唇在这些肌肉的影响下,几乎提升到最高位置,将上齿全部露出,甚至还会露出部分上齿牙龈。

大笑时下颚下垂,使嘴巴张开。这与惊讶和恐惧表情不一样的是,大笑时的下巴不会下拉,而且还会向颈部移动后贴。这时下嘴唇会被大幅拉伸,表面变得平滑,上唇的提升在颧大肌、提口角肌、提上唇肌和上唇鼻翼提肌的一起作用下,其提升程度充足,鼻翼两侧因挤压出来的"沟"也特别长,但是,如果是虚假的笑容,其嘴部的动作就不会有这样程度的表情显现。

心理启示:

为什么说笑是喜悦的表情,那是因为笑的本质是精神愉快。在生活中,笑的形式,可以说是多种多样,千姿百态,无时不有,无处不有。而且,笑是反映内心的一种面部表情,满脸春风,笑逐颜开,笑得合不上嘴等,这都是人们呈现出来的不同的喜悦表情。

第三节 愤怒微表情,展现其内心的怒火

在人类的成长过程中,愤怒这种情绪出现得比较早。据说,出生3个月的婴儿就会有愤怒的表现,其原因在于限制婴儿探索外界环境。比如,当我们约束婴儿身体的活动,强制婴儿睡觉,限制他的活动范围,不给他玩具等,这些都可以引起对方的愤怒。当我们面对一个出生不到3个月的婴儿,我们

依然可以感知到其内在的愤怒情绪,通过其愤怒的表情,诸如哭闹、手足舞动等,这些我们就可以判断他在发脾气。当然,在成年人身上,愤怒依赖于人已形成的道德准则,这差不多算是道德范畴。由于愤怒的强度和表现与人的修养有着密切的关系,因此,这给我们判断对方是否处于愤怒情绪带来了极大的难度。因为在这样的情况下,即便是一个面无表情的人,也可能内心燃烧着熊熊大火,对此,我们需要察言观色,及时抓住对方愤怒的微表情,以此感知到对方燃烧起来的愤怒火苗。

清朝时,一位新上任的县令,初次去拜见上司,想不出该说什么话。沉默了一会儿,忽然问道:“大人尊姓?”这位上司很吃惊,勉强说了姓某。县令低头想了很久,说:“大人的姓,百家姓中所没有。”上司更加惊异,说:“我是旗人,贵县不知道吗?”县令又站起来,说:“大人在哪一旗?”上司说:“正红旗。”县令说:“正黄旗最好,大人怎么不在正黄旗呢?”上司勃然大怒,问:“贵县是哪一省的人?”县令说:“广西。”上司说:“广东最好,你为什么不在广东?”县令吃了一惊,这才发现上司满脸怒气,赶快走了出去。不久,这位县令便被借故免职了。

看完这个故事,我们不仅为那位愚蠢的县令捏一把汗。在整个对话过程中,我们是可以感知到上司愤怒情绪的,诸如“吃惊”“勉强说了姓某”“更加惊异”,直至最后的“勃然大怒”。其实,愤怒情绪的产生到爆发,这是一个由浅到深的过程,在前面的几次对话中,如果县令懂得察言观色,及时地感知到上司的怒火,那他也不至于落到了免职这样的下场。

通常一个人愤怒的情绪的外显表情是以下几种:

1.脸色的变化

当一个人处于愤怒情绪中,但因情境逼迫,又不好当场发作,他会强忍着这种愤怒情绪。这时因内心情绪的强行积压,难免会给其脸色带来影响。当一个人在强忍怒火的时候,其脸色是紫色的,我们常说“脸都涨成了猪肝色”,实际上就是这个道理。

2.声调的变化

当一个人情绪处于正常情况时，他的声音是不高不低，就好像一条平静流淌着的河流一样。但如果他遇到了一件非常愤怒的事情，那他声调可能会突然拔高一个调子，就是声音突然大了起来。当然，也有人在越是生气时，声调越是平和沉静，这时我们就需要从其他微表情入手了。

3.姿态表情

一个人在愤怒时，通常还会伴随着一系列姿态表情，比如一个人生气时先是呵斥几声，然后脸红脖子粗，继而拍桌子叫板，这是大多数人在生气时的拿手好戏。因此，当我们发现其姿态表情有异样的时候，就需要注意了，有可能对方正在愤怒中。

愤怒，指的是当愿望不能实现或为达到目的的行动受到挫折时引起的一种紧张而不愉快的情绪。当来自外界的负面刺激的力度升级，超越了厌恶情绪的极限，这让当事人感到威胁的时候，就会激发出内心深处的愤怒情绪。愤怒情绪的特征是有攻击性，愤怒者会试图去除或消灭刺激源。同时，愤怒时的表情大概是这样子的：上眼睑提升，下眼睑紧绷，眼睛瞪得越大表明内心愤怒情绪越强，愤怒时通常还配有眉毛的下压。

那么，怒火燃烧的根源在哪里呢？——威胁。

1.抽象的威胁

当然，并不是单纯的形态上的威胁，诸如口头警告、有人拿着武器恐吓，更多的是抽象的，也就是当事人主观认为可能会造成的伤害的情景。愤怒者会对刺激源能否形成威胁进行评估，假如认为威胁经过自身努力可以消除，那么就可能心生愤怒；假如没有消除的念头和信念——恐惧，那就只会厌恶。

2.驾驶的愤怒

所谓驾驶的愤怒，也就是事故会造成定损，这会直接影响后面一段时间正常生活的安排。

3.自由受限

当一个人的自由受到限制之后，他就会心生愤怒，比如青少年被父母强行锁在房间温习功课。本来青少年可能会想和朋友出去玩，但父母这一举措却将自己美好的愿望破坏了，因此他会感觉到异常愤怒。

4.利益斗争

人们因为利益斗争，也会感到很生气。当然，利益本身只是表象，利益受损所代表的未来威胁才是核心问题。

5.自己被否定

当自己被直接否定，被人说："你太差了！"诸如这样的话时，也可以引发愤怒的情绪。或遭人轻视、轻蔑、不屑，以及基于轻视所表现出来的挑衅、不尊重等多种形式。

总而言之，我们可以将愤怒的刺激源总结为对所关心之事的威胁，而且，这样的源头可以追溯到原始时代对生存和繁衍的威胁。这是科学的解释，在日常生活中，我们应该及时找到自己愤怒的根源，想必我们都明白这样一个道理：阻碍大火向四处蔓延的唯一有效方法是彻底消灭火源。在这个世界上，并没有无缘无故的气，它始终是源于一个点。心理学家认为，一个人心中的怨气是一点点郁积起来的，或许，在刚开始，我们的心情只是稍微有点不愉快，但是，如果这时候再遇到一系列令人头疼的事情，这样的情绪就会升温，火势开始迅速蔓延开了，最终所形成的结果无异于"火山爆发"。对此，找到"怒火源"真的十分重要。

心理启示：

在日常交际中，需要我们练就一双火眼金睛，不仅如此，还需要我们心细如发，当我们看到对方的神色有异，或是捕捉到其特别的微表情时，就应该加以揣测，及时地想好回应的方式。否则，对方已经在生气了，我们还丝毫不知情，这样就给我们的交际带来很大不便。

第四节　惊讶微表情,感受其内心的不可思议

惊讶,也就是惊奇、惊异的意思。惊讶,应该先从眼睛开始,因为只有眼睛看到了某些意外的场景,我们才会露出惊讶的表情。因此,在“惊讶”这个表情中,我们可以感受到对方目光中的不可思议。

假如没有特别意外的场景出现,我们眼里是不会露出惊讶表情的;假如生活中的那些事情是按照正常秩序发展的,我们也不会惊讶。可以让我们露出惊讶表情的,必定是意想不到的事情,这样的事情被我们称为意外的刺激。一旦大脑接受到这种信息,那我们本来正常的目光会变得不可思议,与此同时,我们还会摇动自己的头部,以此配合“不可能”“不可思议”的表情。当我们在一个人眼睛中看到了不可思议的目光,那就可以断定,这个刺激源是他没有想到的,引起了他的警觉,这样的刺激源是有分析价值的。

小月是公司的总经理,从大学毕业到现在,她一直就职于这家公司,从一个普通的小职员坐到了公司总经理的位置,这对于小月而言,本身是很不容易的。相比较那些依靠关系进公司来的公子小姐们,她更珍惜自己现在的成绩。

然而,在公司周一的例会上,她却意外地遇到了一个人。在开会之前,董事长就把小月叫到了办公室:“今天我们公司来了一位新同事,未来你和她就是咱们公司的左臂右膀,我希望你们能好好相处,争取把公司做好做大。”小月点点头,不过,她没有想到,这位即将到来的同事就是自己昔日的好友——娜娜。当董事长将娜娜介绍到自己面前,小月眼睛睁得很大,目光里满是惊喜,没想到毕业这么多年以后还会再见昔日的朋友。而娜娜的目

光里也满是不可思议，她没想到，昔日自己看不起的“农村丫头”竟然成为公司的总经理，伴随着不可思议的目光，娜娜不自觉地摇摇头。不过，两人惊讶的目光只是一闪即逝，随后便是一个示意的微笑。

在两人碰面的一刹那，彼此目光中都满是不可思议，但两人目光中的含义却是不同的。小月所惊讶的是，竟然在多年以后还能见到自己昔日的朋友，那是一种惊讶和喜悦的复杂情绪；而娜娜觉得不可思议的是，自己曾经看不起的“农村丫头”竟然成为了公司总经理，这是纯粹的惊讶情绪。

惊讶情绪所产生的刺激源十分简单，也就是当事人所关心的意外变化。由惊讶和惊喜所组成的复杂表情——惊喜，简而言之，也就是意外之喜。我们先来剖析惊讶情绪的表情呈现：额肌充分收缩，双眉大幅度提升，通常情况下，年龄大的人，其前额会产生水平的皱纹，而年纪较轻的人，前额可能平坦，没有皱纹；上睑提肌收缩，在额肌收缩的共同作用下，使得上眼睑大幅度提升，眼睛睁大，露出虹膜上缘的眼白部分，嘴巴不自觉地张开，配合一次快速吸气，只有下唇在下颚的带动下自然向下轻微张开，嘴唇表面皮肤不会变紧，不向两侧拉伸，这就是惊讶的表情呈现。

至于喜悦的表情，我们在前面已经详细描述过了。结合惊讶和喜悦情绪的表情呈现，我们可以得出惊喜情绪的表情呈现：上眼睑的上提和虹膜上缘的充分露出，证明了惊讶情绪的存在，同时面露笑容，表示对于意外之事的喜悦之情。如果用文字解释，那就是：在不足一秒的快速惊讶之后，发现刺激源是积极的，且力度很大，可以让人产生强烈的满足和愉悦，这就是惊喜。实际上，惊喜表情的关键在于眉梢和嘴巴：眉梢上扬，表示内心的喜悦；嘴巴轻微张开，表示惊讶。

晚上八点，小雯无聊地摆弄着手机，有一句没一句地跟远在老家的男朋友聊天。男朋友发来信息：“你在干吗呀？”小雯没好气地回了一句：“无聊啊。”发完了信息，索性躺在床上微闭着眼睛。

这时传来了一阵敲门声，小雯打着哈欠：“谁呀？”门外没有回答，但放在一边的手机却响了起来，小雯拿起手机，一看是男朋友，他打电话干什么呢？接了电话，只听男朋友说："宝贝，开门。"小雯一个箭步跑过去，拉开房门，发现满脸疲惫的男朋友站在门外，小雯嘴巴微张着，眼里满是惊讶：你怎么会在这里呢？男朋友双手递上玫瑰花，说了一声："亲爱的，情人节快乐！"小雯笑了，眉梢上扬，嘴角露出一丝微笑，一把搂住了男朋友的脖子。

在这个案例中，小雯惊喜的表情一览无遗：嘴巴微张、眼里满是惊讶、眉梢上扬、嘴角露出一丝微笑。本来，看到男朋友站在门外，小雯首先是惊讶：远在老家的男朋友怎么会在这里呢？然后，看到男朋友递过来的玫瑰花，才知道男朋友不远千里来看自己，只是为了陪自己过一个情人节，那一瞬间，她内心有一种喜悦的幸福感在悄悄弥漫开，也因此才会露出这样的表情。

心理启示：

当一个人的内心涌动着惊讶的情绪，那最先呈现出来的应该是其眼神。不可思议的目光、扩张的瞳孔，都使得整个表情看起来更生动、更形象。眼神所传递出来的信息是复杂的，同时也是最直接的，因为清澈的眼睛是不欺骗人的。因此，如果我们想判断对方是否正处于惊讶的情绪中，那首先应该观察其眼神，是否放射出不可思议的目光，继而再判断他是否处于惊讶之中。

第五节　恐惧微表情，揭露其不安的内心

恐惧，也就是惊慌害怕，惶惶不安。从心理学的角度而言，恐惧是一种有企图摆脱、逃避某种情景而无能为力的情绪体验。它主要表现为生理组织剧烈收缩，身体能量急剧释放。通俗地说，恐惧是因受到威胁而产生并伴

随着逃避愿望的情绪反应。

早在一百多年前，著名的生物进化论学家达尔文发现，哺乳动物的恐惧表情与人类的恐惧表情几乎是一样的。恐惧的瞬间表现为：“眉梢上扬、瞳孔扩大、眼光发直、嘴巴张大，无意识地惊声尖叫或呼吸暂停、憋气、脸色苍白、表情呆若木鸡。”更大的恐惧之后，还会伴有肌肉紧张发硬、不由自主地震颤、毛发竖立、全身起鸡皮疙瘩、毛孔张开、冷汗直流的症状。同时，内脏器官功能亢进、肾上腺素分泌、血压升高、思维变慢或停滞，也就是我们常说的“吓傻”了。一些身体较弱的人还会出现短暂的昏厥，其心理机制是对恐惧情景的一种快速逃避反应，晕过去了，什么都不清楚了，恐惧感也就不存在了。有时候，人们在恐惧之后还会出现选择性遗忘，这是对恐惧体验的一种无意识压抑，只有在催眠状态下才能唤起这之前对于恐惧的回忆。

那么，诱使人们内心产生恐惧的事物到底有哪些呢？

1.怕生

对陌生的恐惧并不是只有孩子才会产生的恐惧心理，即便是一个成年人，在与陌生人接触的时候也存在一定的恐惧心理，他会担心陌生人的欺骗，甚至害怕对方给自己带来不利。

2.恐物

有的人会对特定的物品表现出恐惧，有的人对巨大的东西表现出恐惧，有的人却对老鼠这样小的动物产生恐惧。甚至，有的人在坐电梯时也会心生恐惧，他们会担心电梯在运行的过程中突然降下来，或自己被困在电梯里，当然，这是一种对未来发生事情的担忧。

3.突发事件

当我们经历或目睹某些突发事件，会给我们的心理带来强烈的震动。这种恐惧往往是深刻而持久的，十分强烈的刺激甚至可以伴随我们一生。经历突发事件后，人们在一段时间内表现得十分胆小，睡眠中可能会被突然惊醒，醒后依然恐惧不已。

4.对鬼神与影视镜头的恐惧

当我们在听别人讲一些神鬼妖怪的故事，这都会使我们产生恐惧，假如对方在讲鬼怪故事时加上表情动作的渲染，那我们会更加害怕。还有在恐怖电影中出现的恐惧镜头、比如女巫、鬼怪、凶残画面和打打杀杀的血淋淋的镜头，这些都会使人们出现恐惧心理。

心理学家认为，每个人在潜意识中都会或多或少地存在着未解决的恐惧冲突，比如对衰老和死亡的恐惧、对危险的恐惧、对失控或精神错乱的恐惧、对自我暴露的恐惧、对失去或改变的恐惧等。这些未解决的恐惧感会或多或少地影响我们内心情绪的和谐，且逐一呈现在面部表情中。恐惧情绪其实是由愤怒情绪发展而来的，通常而言，愤怒的情绪会让人产生反抗威胁，刺激源的力度尽管够大，不过在当事人的主观评估里，是可以通过战斗来改变或消除的。不过，一旦刺激源的力度超过了当事人的心理承受能力，愤怒将会转换为恐惧情绪。由于可以让人产生恐惧情绪的刺激源，同样会对当事人产生威胁，不过这种威胁更多的是针对生存，而且具有压倒性。

当然，只有在面对生死危机的时候，人类才会出现饱满的恐惧表情，其中包括三项最基本的典型特征：眉头向中间聚拢、上扬，眼睛睁大，张开嘴。其实，这样的表情呈现与饱满的愤怒表情十分相似，同样都是皱眉、睁大眼睛、张开嘴，从表面上看，这两种表情的特征差不多是一致的。

下面是饱满恐惧表情的肌肉运动和形态特征：

（1）皱眉肌收缩，双眉向中间皱紧，形成纵向皱眉纹。

（2）额肌中间收缩，向上提升两侧眉头，在额前形成倒U形皱纹。

（3）上睑提肌收缩，试图提升上眼睑，不过，因为眼轮匝肌和皱眉肌的反向运动受到抑制，在上眼睑的皮肤上形成对角线褶皱。假如没有受到抑制，可以分析出虹膜上缘会全部露出。

（4）提上唇肌和上唇鼻翼提肌共同收缩，提升上唇，露出上齿。

（5）颈阔肌收缩，将嘴角向两侧拉开，使嘴的水平宽度比正常状态更大。

(6)降下唇肌收缩,将下唇向下拉低,露出部分下齿。

最后,我们特别强调的是在饱满的恐惧表情与愤怒表情的差异:双眉下压并紧皱,但如果仔细观察,会发现恐惧表情的眉头是上扬的,并在前额中形成倒U形细纹;虽然两者都是将上眼睑尽力提升,不过,由于眉毛用力方向的区别,导致上眼睑皮肤上挤压形成的褶皱角度不同;在嘴部表情上,虽然两者都是张开嘴,甚至有可能都是大喊发声,不过,如果仔细观察嘴张开的宽度和高度,两者会有细微的差别。恐惧表情中的口型,这是没办法发出犀利且具有威胁性的声音,而且,因口型不同,引发的鼻唇沟形状也是完全不同的。

心理启示:

当然,人们的大多数恐惧情绪是后天获得的,恐惧反应的特点是对发生的威胁表现出高度的警觉。假如威胁一直存在,那人们目光凝视含有危险的事物,随着危险的不断增加,可能发展为不容易控制的惊慌状态,当恐惧感极度强烈时,还会出现激动不安、哭、笑、思维和行为失去控制的表现,甚至出现休克的情况。在恐惧时,通常的生理反应是心跳猛烈、口渴、出汗和神经质发抖等等。

第六节　厌恶微表情,揭秘对方正在煎熬的内心

厌恶,它本身是一种反感的情绪,不单单是味觉、嗅觉、触觉,想象、耳闻、目睹都会导致厌恶感,而且人的外表、行为甚至思想都会导致同样的结果。在生活中,有的人外表会让人看起来很不舒服,心里会觉得恶心,忍不住作呕吐状。而每个人厌恶感产生的根源是不一样的,比如有的人讨厌看

到畸形,残疾人或十分丑陋的人;有的人无法忍受看到受伤的人和他们暴露在外的伤口;有的人则讨厌看到血和外科手术;有的人会憎恶某些人的行为,比如虐待或折磨动物;有的人讨厌那些嗜好变态行为的人;有的人讨厌某些宗教或某些人所倡导的低级、卑劣的行为。对此,有心理学家给厌恶下了这样的定义:厌恶归根到底是肮脏或者恶心的东西给人造成的一种口腔感觉。

那么,厌恶情绪到底是怎么形成的呢?

相关的心理学家认为,一个人通常会在4~8岁之间形成厌恶的情绪,也就是说,在这个年龄段,厌恶才独立出来成为人的一种情绪。4~8岁的孩子会因为觉得东西不好吃而不吃,不过,他们并不太懂得厌恶,比如心理学家让孩子和成年人去触摸和品尝小狗粪便状的巧克力,在这个年龄段以下的孩子就不会想到有多恶心,而大多数的成年人会拒绝这样做。一样的道理,假如我们将一只消毒过的蚱蜢放到牛奶和果汁里,那4岁以下的孩子是不会拒绝把这杯牛奶或果汁喝下去的。

在这里,我们额外补充一些关于厌恶的知识。虽然,恶心的东西会让我们感到厌恶,但同时它也有一种吸引力,一种魅力,因此,我们可以解释为什么自己总愿意看到血淋淋的事故现场,不舍得转移视线,喜欢看恐惧片。就我们自身而言,自己的鼻涕、排泄物都是肮脏而恶心的东西,不过我们仍然会好奇。大多时候,我们会对那些所谓恶心的东西充满好奇心,只是自己常常不愿意承认罢了。

厌恶情绪的表情呈现是:眯紧眼睛,表示自己不愿意看;皱起鼻子,表示自己不愿意闻;嘴角向后咧,有时候还会伴随吐舌头的动作,这表示自己不愿意吃。厌恶情绪的根源,也就是对腐烂食物的排斥,这是因为当人们吃过腐烂食物之后,引起了身体的强烈不适,呕吐、生病甚至死亡。因此,一旦人们看到、闻到和品尝到腐烂食物的时候,就会本能地排斥这些东西,这应该是人类进化过程中积累下来的一种本能反应。

厌恶情绪最基本的特征，其实是一种口腔感觉：呕吐。从这个分析，我们可以得出：几乎所有人都厌恶的东西主要是人自身产生的一些东西——呕吐物、粪便、尿、黏液以及血。在1955年，美国著名的心理学家戈登·奥尔波特提出了厌恶的“想象实验”，通过实验对象在脑海里的想象来证明自己的观点。对此，他对那些实验者说：“首先想象咽下自己的唾液，或者真的咽下一口唾液。想象将这些唾液吐到杯子里，再将它喝下去！这些天然而且属于自己的唾液马上就变成了陌生而恶心的东西。”而另一位心理学家罗金确实进行了这个实验，他让受试者往杯里吐出唾液之后再喝下去，他发现奥尔波特对于“所有人厌恶的东西主要是人自身产生的一些东西”这一结论是正确的。即使唾液在一秒钟之前还在自己嘴里，他们也不再愿意将它喝下去。当这些东西在我们身上时，或许大多数人都不会厌恶它们，不过，一旦这些由我们自身产生出来的东西离开了我们的身体，我们就会觉得它们十分恶心。

下面，我们来解析厌恶的饱满情绪：

1.呕吐

在上面我们已经说过，厌恶表情的最根本特征，源自一种身体行为：呕吐。在呕吐这个动作中，为了把嘴张到最大，除了下颚向下打开之外，人还会本能地提升上唇，这时你会发现除了张开的嘴，两侧嘴角向上提起的形状，这是对上唇被提起后的夸张表达。提上唇肌和上唇鼻翼提肌两种肌肉帮助提升了上唇，这时我们需要注意的是，仅仅是其中的一种肌肉，比如单一的提上唇肌或上唇鼻翼提肌，这是难以达到提升上唇的目的，它们需要同时做收缩运动。当然，更容易被意识控制的是提上唇肌，而通常情况下，只有强烈的情绪才能自发控制位于鼻梁两侧的上唇鼻翼提肌。在这里，最关键的是，在饱满的厌恶情绪中，起主导作用的是上唇鼻翼提肌，而在普通程度的厌恶表情中，起主导作用的是提上唇肌。

2.紧闭双眼、皱紧双眉

饱满的厌恶情绪，除了有嘴部的表情呈现之外，呕吐的动作还会引起一个本能的联动反应——紧闭双眼、皱紧双眉。闭紧双眼需要眼轮匝肌的收缩作用，以及隆起的脸颊一起挤压眼睑，从而才能造成强烈的闭眼动作，形成下眼睑下方的弧线纹路。眼轮匝肌的收缩会带来两方面的作用：一方面，因呕吐而造成的内压升高，而眼轮匝肌的收缩则避免了眼球的受伤；另一方面，可以在一定程度上减少刺激源带来的负面视觉刺激，因为眼轮匝肌的收缩，致使双眼已经紧闭了，自然看不见那些厌恶的东西了。不过，我们需要记住的是：紧闭双眼、皱紧双眉并不是刻意做出来的表情，而是呕吐动作的连锁反应。

心理启示：

饱满的厌恶表情是毫不掩饰的，同时，也没办法掩饰。我们可以看到，在呕吐的本来表情基础上，有一种极度厌恶的表情：嘴紧紧地闭上，眼睛和眉毛的形态保持基本不变。这个表情就好像是闻到了一种让人恶心的臭味，而且恶臭还在不断地逼近自己。这时人会做出连锁的反应：闭上眼睛不看，皱起鼻子不闻，紧闭双唇不尝。这其实就是严禁一些让自己反感的东西进入身体。

第七节　悲伤微表情，体味对方内心的悲情

悲伤，它作为一种负面的基本情绪，通常指的是由分离、丧失和失败引起的情绪反应，包含了沮丧、失望、气馁、意志消沉、孤独和孤立等情绪体验。当然，悲伤的程度取决于失去的东西的重要性以及价值的大小，同时也依赖

于当事人的意识倾向以及个体特征。

那么,人类的悲伤情绪到底是怎么来的呢?

心理学家认为,人类的悲伤情绪主要来自经历上的挫折失败,比如,没有办法抗拒的改变,亲人死去,离婚,毕业或失业。不过,人类悲伤的反应会由生活经验与文化特质出现一些差别。比如,对人们而言,失去亲人通常是让人觉得悲伤的,不过,悲伤的表达方式会根据当事人的年龄、经历会存在不同的差异。

人们内心的悲伤情绪有哪些表现呢?

悲伤的情绪其实就是沮丧的心情,外在表现为落泪、沉默。假如悲伤情况持续一段时间,也就是通常我们所说的忧郁,甚至还会导致临床病症上的忧郁症。当然,引起悲伤的因素既然是来自环境、心理因素或生理,也正因为这样,在悲伤的时候,可以让人们舒缓心情以重新适应新环境或身体变化,这也是悲伤情绪最大的好处。

小王这两天看上去没什么精神,如果仔细观察,会发现他整个面部表情好像弥漫着一种悲伤的情绪。双眉皱起,双眼之间出现皱纹,脸颊隆起,在鼻翼到嘴角之间形成了鼻唇沟。小王到底发生了什么事情呢?

原来,在两天以前,小王与相恋两年的女朋友分手了。原因有很多,比如女朋友家里一直不肯同意,这不正赶上小王爸爸重病,家里情况更是雪上加霜。虽然,对于女朋友的决定,小王只能尊重,而不能勉强。但对小王而言,两年的感情突然间失去了,就好像失去了最宝贵的东西一样,他整个心空荡荡的,就好像行尸走肉一般:每天话很少,笑容更是看不见,永远呈现出来的就是紧皱的双眉以及紧闭的嘴唇。每每走到曾经跟女朋友一起约会的地方,小王就抑制不住悲伤,七尺男儿也会掉下眼泪,捂住脸,无声地哭泣。

小王的悲伤是来自于经历的挫折:失恋。由于情感上的打击,给心灵带来了很大的冲击。而且,很快这种内心的情绪就会呈现为一种表情:双眉皱起，双眼之间出现皱纹，脸颊隆起，在鼻翼到嘴角之间形成了鼻唇沟。即使我们看不懂其面部肌肉形态的变化，但通过对人类表情的熟悉程度，我们也会感觉到其内心深处的悲伤。这就是悲伤情绪的来源，及其表现方式。

悲伤情绪最典型的动作反应应该是——哭。通常当人们感觉到自己已经没办法了，就会以哭来发泄内心的悲伤情绪。比如，当孩子想要玩具而被家长拒绝的时候，他就会哭。通过这样简单的例子，我们可以知道，当坏的结果已经发生，但我们没办法挽回，最后的结果就会心生悲伤，用哭来表达。当一个人内心悲伤的情绪到达极点的时候，他就会忍不住痛苦。

我们来分析一下痛苦表情的形态特征：

1.眼轮匝肌和皱眉一起收缩

所造成的形态就是双眉下压，眉头之间出现纵向皱纹。不过，额肌中部收缩，轻微向上提升眉毛，这让整个眉形趋于平整，在其内侧会呈现扭曲状态。在这里，我们需要注意，在恐惧表情中也有扭曲的眉形，不过，因过度悲伤所导致的眼轮匝肌收缩，眉毛扭曲的程度要更严重。

2.眼轮匝肌收缩，造成眼睑的有力闭合

这时在眼角内侧会形成皱纹，在眼角外侧互相挤压中形成鱼尾纹。紧闭的眼睛是由眼轮匝肌收缩和部分皱眉收缩共同作用而形成的。当一个人哭得越厉害的时候，其眼球周围的收缩就越紧。

3.当提上唇肌收缩时

上唇会同时提升，与眼轮匝肌一起使脸颊位置提高，隆起的脸颊与下眼睑互相挤压，形成了下眼睑下方的凹陷区域，同时在鼻翼两侧形成鼻唇沟。

4.颈阔肌收缩，将嘴角向两侧拉伸

这样会使嘴部的水平宽度比平常增加，拉伸的嘴角与脸颊之间挤压形成法令纹。

5.降口角肌收缩，向下拉低嘴角

降下唇肌同时收缩，将下唇整体下拉，试图露出自己的下齿。

6.下嘴唇中部推起，在下巴上形成了表面凹凸不平的肌肉

下嘴唇中部的推起将原本可以露出的部分下齿遮盖住，两侧嘴角处还保留向下，所以可以露出嘴角位置的下齿。这时下嘴唇呈W形，而这样的口形特征是痛哭表情所特有的。

在痛哭表情呈现的时候，下唇靠近两侧嘴角的差不多四分之一的地方，会因肌肉的共同作用，形成一个比较陡的转折角度，这样会让口型接近于梯形的形状。如果你熟知发声部分的知识，那么你一定知道这个口型是最有利于发出尖利且气息充沛的声音，因此，当一个人在痛哭的时候，他的声音是可以听见的，甚至可以说声音非常大，有的人是“哇”的一声就哭出来了。

心理启示：

按照悲伤的程度不同，还可以分为遗憾、失望、难过、悲伤、极度悲痛。悲伤的表现方式，有时会伴随着哭泣，这样可以让内心的紧张情绪释放出来，同时缓解了心理压力。可以说，悲伤是一种消极的负面情绪，但同时，也是一种心理保护措施。当然，凡事须有度，强烈的悲伤情绪对人的心理是有危害的，持续的悲伤不但会让人感到孤独、失望、无助，而且还会带来身体上的隐患。

第五章

观察眉目微反应：
分析眉宇间的真意

在人的面部器官中，眼睛和眉毛无疑是最擅长表露情感的。一个蹙眉、一个眼神，都可以泄露其内心的真实情感，我们说“真实情感尽在眉眼之间”，这句话一点儿也不假。所以，我们要善于捕捉眉宇间的微反应，洞悉对方的真实心理。

第一节　常见眼部表情的微反应

俗话说："眼睛是心灵的窗户。"尽管每个人内心的所思所想不一样，但透过眼睛这扇透明的窗户，我们可以看透一个人最真实的心理。那是因为一个人内心的各种情绪，诸如冲突、烦恼、愉悦，都会不自觉地透过变化的眼神流露出来。相比较脸部的其他部位，眼睛周围的肌肉更发达，这不仅可以很好地保护眼睛不受伤害，同时还可以使眼部本能的动作反射性很强，可以以最直观的方式展现内心活动。比如，当危险物品来袭的时候，眼睛四周的肌肉会反射性地让眼睑立即合上；而当强烈的光线射来时，眼球内部的瞳孔会收缩，避免眼睛受到刺激。正因为眼睛具有的本能反应，所以可以说眼睛所反映出来的情绪是最真实的。

那么，眼睛到底有哪些表情呢？

1.眼睛上扬

眼睛上扬是一种假装无辜的表情，假如有人在说自己的坏话，那你做出这样的表情，就表明自己的确没有干过对方所说的那些事情，那定是别人故意造谣。当然，在一些外国人身上，会出现眼睛上扬、耸肩膀的动作，这表示无所谓。

2.眨眼

眨眼可以根据频率分为好几种：假如是面对着你快速眨眼，那说明对方在暗示你，有的事情可以说，有的事情不能说，那是我们之间的秘密；假如是对方一个人在快速地眨眼睛，尤其是脸部朝下，那表示他快要哭了，情绪十分激动，这时很需要你的安慰；假如眨眼睛的幅度比较大，速度也比较快，那表示他不相信眼前所看到的一切,他需要睁大眼睛才能看清楚,自己是否刚才看错了。

3.眼睛斜瞟

通常情况下,这样的表情多出现在女人身上,假如她第一次和男性见面就用斜眼瞟男性,那就是说她挺想你的,你很帅,只是我很害羞,不敢正眼瞧你,不过我又很想看到你,没办法了,只有悄悄地看你。这个时候,假如你是一名男性,那你应该感到高兴,而不是生气人家没拿正眼看你。

4.挤弄眼睛

朝对方挤弄眼睛是一种默契的表现,就好像我们常说的"我们做的事情天不知、地不知,只有你知我知"。当然,在生活中,也有人在扮鬼脸时挤弄眼睛,为的就是让自己的装扮更逼真,可以这样做的人一定是对你印象还可以,或者就是对方喜欢你,尤其是在小孩子身上,这样的表情十分普遍。

心理启示:

通过眼睛而延伸出来的眼球运动和眼神交流,可以看出一个人此时此刻的想法,是赞同还是反对,是欣赏还是厌恶,不管这个人心里想什么,眼神都会马上诚实地告诉我们。一个人内心所思所想,不用言语,就可以从眼睛里找到答案。在日常交际中,千万不要错漏了对方的眼神语言,假如他愿意与你平等对视,侃侃而谈,那定是胸怀坦荡,内心没有隐秘,而且充满了自信;假如他目光游离,不敢与你直接对视,那表示他不诚实,心中可能隐藏着不可告人的秘密。

第二节　常见眉毛动作的微反应

人的所有面部器官,都有其存在的意义,我们不能想当然地以为眉毛只起装饰作用。眉毛被流传得最广的作用,是配合人类的直立行走姿态,防止汗液、雨水等刺激源在重力的作用下直接侵害眼睛。假如我们有机会仔细观察眉毛,就能够发现每根发毛的走向,都是向上或者呈水平方向向两侧生长的,这样的走向能够有效地引导小滴液体避开眉毛下方的眼睛,从两侧流下。其实,除了眉毛所本身具备的原始功能以外,对我们而言,还有另外一种重要的作用,那就是表达"心意"。

眉毛的表情,主要是额肌收缩造成的上扬,皱眉肌主导收缩造成的皱眉,由眼轮匝肌和降眉间肌共同收缩造成的下压等,不同的眉毛表情,展现了不同的心理。

1.眉毛的正常状态

就绝大多数人而言,眉毛的正常形态是两道弧心向下的弧,但个体差异比较大,这还需要进行基线测试,也就是眉头与眉梢的连线。

2.眉毛下压

眉毛下压,也就是眉毛整体向下移动,因为眼轮匝肌的收缩运动参与,上眼睑也因此受到眉毛下降的压迫而向下闭合,遮住部分眼球,下眼睑呈现绷紧状态,眼睑整体呈现半闭合状态。假如是眉毛整体下压,那就表示这个人感受到了压力,下压和眼睑紧绷的程度越大,意味着压力也就越大,关注程度也就越高,比如,意外、不解、困惑、烦躁、厌恶等情绪。

3.眉毛抬高

通常情况下，不管是眉头抬高还是眉梢降低，都不会很明显，在更多的时候，这是一种相对位置的改变。比如，一个人在悲伤时，眉头可能皱在一起，也可能分开，紧皱在一起，是属于还在集中精神悲伤，还在想着这份失去，不过理智还存在。而眉头分开，则是完全失神的悲伤特征。

4.皱眉

眉头向面孔中线皱起、下压，眉梢向面孔两侧的斜上方挑起，也就是眉头皱起，眉梢高挑。这样的眉毛表情是由两种神经系统状态复合而成：一是关注；二是准备进攻。这样的关注是十分严重的关注，为进攻收集信息；进攻时，能量外泄，面孔上的器官，在充沛能量的支撑下做出扩张动作，高挑双眉，睁大双眼，张开嘴大声吼叫，甚至鼻孔也会张大，并配合了剧烈的呼吸。这表示此人处于十分愤怒的情绪之中。

5.眉毛高抬

出现这样表情的情形有两个：一是惊讶，二是对自己所说的话很有自信，甚至认为得到了听者的认可，类似于"你懂的"。不过，这两种情形下，上眼睑的配合是有区别的，惊讶时，双眉上眼睑提升程度匹配，而自信时，眼睑仅仅是轻微提升。

心理启示：

虽然，眉毛只是面部器官中很小的一部分，有人的眉毛甚至不是特别明显，但作用却十分大。眉毛的一动一静，都可以在无形中透露自己的心境。假如不想让别人看透自己，那就得让自己的心态更成熟一些，最好是能处变不惊，不要让眉头泄露自己内心的秘密。不过，反过来，我们可以根据别人眉头的微表情来判断对方处于何种情绪。

第三节　瞳孔的不同反应显示其内心情绪

有时候，我们对自己的身体了解得越多，对这些身体特征的利用也就越来越多。著名导演斯坦尼斯拉夫斯基晚年时甚至要求演员在表演时把自己的动作姿势降低到最低限度，要求“几乎任何动作都没有，只有眼睛在动”。不仅仅是这样，演员在表演时也会出现这样的身体特征，比如，在电视剧里，一些英雄被敌人逮捕的时候，那双瞪大的眼睛，就是对敌人诱惑的一种无声鄙视；反之，假如经过了许多磨难之后再次回到队伍中，那种温柔的眼神又是另外一种含义，这时瞳孔也会缩小很多。

虽然，瞳孔变化属于微反应行为，但它所传递出来的信息是难以用意志来控制的。通常而言，瞳孔放大传达正面信息，缩小则传达了一些负面信息。比如，表示爱、喜欢或兴奋，瞳孔就会扩大；表示消极、戒备与愤怒，瞳孔就会缩小。

而且，在生活中，比如商场里的服务员走上前向我们推销，当他们按照观察推荐了我们喜欢的一款商品时，眼睛就会不自觉地放光，这就是瞳孔的变化。当然，眼睛的这些细微的变化假如不是长时间细致入微的观察积累是没办法做到的。因此，在生活中我们需要做一个有心人，从细微处观察对方瞳孔的变化，以此判断对方处于什么样的情绪。

1.瞳孔扩大

正常情况下，瞳孔是既不会扩大也不会缩小的，除非外界传递过来的刺激源异常激烈，才会给我们的瞳孔带来影响。而且，不管这个刺激源是有利的，还是不利的，都会导致我们的瞳孔扩大。比如，我们在非常高兴时，瞳孔会扩大；在极度兴奋的时候，瞳孔也会扩大；在极度恐惧的时候，瞳孔也会先扩大，似乎想看清楚那东西到底是什么，然后才会因恐惧而收缩。

2.瞳孔收缩

当不利的刺激源给我们心情带来消极影响的时候，瞳孔就会在不自觉间收缩，这是一种本能反应，我们希望通过收缩瞳孔来使自己逃避某些对自己不利的事情。比如，我们在生气的时候，瞳孔会收缩；当我们讨厌一个人的时候，瞳孔也会不自主地收缩；当我们的情绪变得糟糕的时候，瞳孔也会收缩。

心理启示：

眼睛瞳孔的变化也会表露一些真实的情绪，假如你仔细观察就可以发现：当一个人感到愉快、欣赏、兴奋时，他的瞳孔就会扩大到平时的4~5倍；反之，假如一个人生气、讨厌、心情消极的时候，他的瞳孔就会收缩得很小。假如瞳孔没有什么很大的变化，那表示他对所看到的东西漠不关心或者感到无聊。其实，不仅仅是人们的瞳孔才有这样的功能，即便是猫的瞳孔也会有这样的功能，其变化的大小和情绪有着很大的关系。所以，在生活中，我们要善于观察对方瞳孔的变化，并从中发现对方的心绪。

第四节　对视，眼神细微的反应

在人际交往中，眼神交流是相当重要的。因为从眼神的交流中，可以看出两人的心态、两人的关系，甚至是微妙心理的变化。比如，看视线是否交流，是否将目光投向对方；看视线注视的时间，是盯住一处不放还是匆匆一瞥；视线的角度和方向，是迎面还是斜视，是由下而上还是由上而下；视线的集中度,是凝神注视还是茫然。当然,通常情况下,直视与长时间的凝视对私人占有空间或视力圈的侵犯,这都是不礼貌的。转移视线,回避对方的视线,是不愿意被对方看到自己的心理活动;张大眼睛则是对对方所谈论的话题十分感兴趣。

1.眼神接触

当对方投来了关注的目光,两人视线接触,那表示对方对你有兴趣、想亲近你或关心你。如果对方完全不看你,那就是“完全不把你放在眼里”,这样的可能性比较多:或许是不想关注你,或许是看不起你的行为,或许是心里有鬼,对你怀有愧疚,或很在意你,但心里感到羞怯。

当然具体是什么样的情况,还需要根据实际情况而定。两个陌生人,偶尔视线相遇,通常会快速转移视线,自然地避开对方的视线,因为被对方注视太久,会觉得内心被看穿了,有一种被侵犯的感觉。

2.视线转移

有时候,人们会主动移开视线,这是一种强势的表现;有时则会被动移开视线,也就是逃避他人的视线。在沟通过程中,假如自认为地位高于对方那个人就会先移开视线,这样做会让对方处于被动的位置。当两个陌生人见面,快速移开视线的人,比较具有攻击性。在交谈过程中,回避对方的视线,不愿意接受对方的视线,不愿意和人进行对视,那表示着当事人犯了错、心中有愧疚。

3.长时间盯着一个人

通常情况下,一个人说得越多,看对方的时间就越少;听得越多的人,看对方的时间也就越长。人们认为,在交谈中一直不移开视线,始终注视说话人的眼睛是一个诚实的行为,但这给说话者却带来极大的不安。所以,要想看清对方的意图,必须观察他说话说到哪里,进行视线交流。当人们开始说话的时候,一定先把眼光从对方那里移开,这是一种避免分散注意力的方法。在开始说话时,视线交流的目的是通知对方要开始说话了,可以引起对方的注意；说话结束时抬起视线，意在想知道对方到底了解了没有，并推断出对方的心理动态。

心理启示：

在日常交际中，我们经常会处于沟通的场合，这时就需要注意眼神的交流、转移以及移开。通常情况下，正常的眼神交流是时而交接，时而移开，因为在交际场合中，长时间地盯着一个人是一种不礼貌的行为，除非你的对象是艺术品、雕塑、风景、动物、舞台表演等。当你在看这些东西的时候，那就随心所欲地凝视，想看多久就看多久，要看多仔细就看多仔细。但如果我们所看的是人，那就需要表现出应有的礼节和尊重。

第五节 频繁眨眼的微反应

在生活中，眨眼是非常正常的眼部动作，在安静、放松的状态下，人的平均眨眼频率是每分钟十几次。一般情况下，成年人每分钟只需要眨眼两三次就可以让眼球保持湿润。不过，当人们感到兴奋、烦乱、紧张或忧虑的时候，眨眼的频率会提高。而当人们的情绪处于正常状态时，眨眼的频率又会恢复正常。假如在一秒钟之内连续眨眼几次，那是神情活跃，对某件事物感兴趣的表现，也可能是思想斗争的表现。不过，在日常交流中，如果当事人频繁地眨眼，那表示其所说的话让人感到不信任。

小宋是一个漂亮的女孩子，但围绕在其身边的女性朋友却很少。那是因为当其他女性朋友围坐到一起的时候，所谈论的就是小宋喜欢眨眼睛的特点。

本来跟小宋关系还不错的小娜说："每次她在说话的时候，都会无故地眨眼睛，而且这是不正常状态下的眨眼睛，因为她几乎是连续眨眼，即便她嘴里说着我是她很好的朋友，但我在心里还是不愿意去承认，因为这样眨眼说话让我难以信任她。”“是啊，每次都是这样，我都不知道她说的哪句话是真的，哪句话是假的，反正我不愿意跟她说话，害怕看到她在不停地眨眼睛。”坐在旁边的美美也表示深有同感，可能连小宋自己都不知道，原来是自己眨眼睛的动作让身边的朋友不再信任自己。

假如眨眼睛的时候，带动睫毛的振动很明显，用力地扇动眼睫毛，这就是一种卖弄的夸张动作，就好像在说：“不是我的错，不是我做的。”但其眨眼的动作，却分明告诉别人：这事情跟我有一定的关系。不过，在我们说话时，有人眨眼睛，而且连续眨眼的动作夸张，眨眼的速度较慢，但幅度却比较大，这是一种不信任的表现，就好像在说：“是真的吗？”这表示其对我们所说的话并不信任。

在正常而放松的情况下，人们的眼睛每分钟会眨 6~8 次，每次眨眼睛时闭上的时间却只有十分之一秒。不过，当人们处于压力比较大的时候，比如撒谎的时候，人们眨眼睛的频率就很可能会显著提升。甚至，当人们眨眼睛的频率超过限度的时候，他会下意识地闭上眼睛，而不想让你看见其延长眨眼的间隔。那是因为人们在每次眨眼时，眼睛闭上的时间远远长于正常情况的十分之一秒。

心理启示：

在生活中，如果我们见到他人在说话时快速眨眼睛，那表示其所说的话是不可信任的。同时，我们在进行语言表达的时候，为了让其他人对自己抱以信任感，我们应该避免连续眨眼睛，尽量延长眨眼睛的间隔时间，这样就可以赢得对方的信任，从而达到有效影响他人心理的目的。

第六节　眼球转动的微反应

可以说,眼神是一种无声胜有声的交流手段,不过,即便是没有眼神的交流,眼球本身的运动也是一种语言。每天早上,当我们对着镜子,想想今天的工作日程,想想早上吃什么,这时你就会看到自己的眼球在运动,而且是向上运动。实际上,不管我们的思绪处于过去的回忆中,还是未来的蓝图里,只要是有画面感的情景,眼球就会向上运动,进入视觉摄像。假如你是在认真听对方说话,那这时眼球则会在中间,这意味着你进入了听觉世界。而当你工作了一天觉得腰酸背痛的时候,你的眼球会向下运动,因为你被感觉、身体触觉的情绪所控制。

1.眼球快速左右运动

对绝大多数的人而言,眼球向左运动是回忆过去,向右运动则是对未来事情的幻想。当然,左撇子是例外。当人们的眼球向左运动的时候,他或许在想昨天做了什么事情,去了哪里,认识了哪些朋友等;当他们的眼球向右运动的时候,他则可能是在想明天的工作,后天搬家的事情等。

假如当事人的眼球出现了快速地左右运动的情况,那表达的意思又不同。比如,在一次辩论赛上,我们常常会看到那样的高频率的眼球运动,而且一般出现在受到攻击的一方。那些被诘难的人,眼球会快速地左右运动,这表示他的大脑正在积极地思考,希望找到很好的办法来应对对方。由此可见,当一个人在费尽心思想问题的时候,就会出现这样的眼球动作。当然,当人们内心紧张不安的时候,也会做出这样眼球左右运动的行为,他们希望自己能够集中精神收集信息,稳定心情。

2.眼球在不同的位置所呈现的心理

在上面我们已经说过了，眼球在左边，表示视觉回想，也就是在回忆过去所见的画面和脑海里的场景，比如昨天吃了些什么，工作做了些什么；眼球在右边，表示视觉想象，想象从未见过的生活，比如明天要去哪里；而眼球在中间，则表示听觉回想，回忆过去所见所闻。

假如是眼球处在中间向右，那表示听觉想象，在幻想从来没听过的声音，比如母亲在想象几个月大的孩子第一次喊妈妈的场景；眼球在左下，这表示听觉在发挥作用，这是在对自己说话，比如对自己说句鼓励的话；眼球处在右下，这表示内心感受，情感的触动，比如恋爱是什么样子的。

心理启示：

所以，当我们看到别人眼球上下运动的时候，就可以判断、推测出别人的内心活动，比如一个认真听你说话的人，眼球绝对不会向上翻起；一个正在思考的人，眼球也绝对不会不动。我们只需要记住：眼球往上的时候，这是视觉的、影像的；眼球在中间的时候，这是听觉的、声音的；眼球往下的时候，这是感觉的、身体的。

第七节　双眼斜视表露的意义

一般而言，斜视的含义是较为丰富的，可能是表示感兴趣，也可能是表示不确定，甚至是表示敌意。假如当事人在目光投向侧方的同时，眉毛微微上扬或面带笑容，那就是感兴趣的表现，热恋中的女人常常会将这样的行为作为求爱的信号。当然，假如斜视的目光，还有压低的眉毛、紧皱的眉头或下拉的嘴角，那就表示怀疑、敌意或者批判的态度，这会令对方感到担忧或憎恶。

在茶吧里，乐乐正在讲述自己引以为豪的欧洲之旅，但坐在其身边的那个朋友却始终以一种斜视的目光看着她，双眉压低、紧皱眉头、嘴角下拉，以一副不相信的表情看着乐乐。乐乐刚开始没觉得这样的眼神会给自己带来影响，但很快，乐乐就觉得浑身不自在，但说不清楚这种缺乏安定的感觉是从哪里来的。

乐乐继续说着："那天，我们到了洛杉矶，那确实是一个美丽的地方……"说着说着，乐乐自己似乎也忘记说到哪里了："呃……我说到哪里了？"还是另外一位朋友的提醒，乐乐才想到自己说到哪里了。而这时，乐乐再次看到那位朋友斜视的目光，心里突然产生一阵不快、厌恶的感觉，难道不相信我说的是真的吗？偏偏要以这种审视的目光来看我，乐乐越想越生气，下定决心不再跟这位朋友保持密切的关系了。

一个人视线的角度可以提供很多有效的信息，视线角度的动向，可以正确地指示出一个人内心处于不同因素为主导的状态中。当我们视线处于平行的时候，展示出理智、冷静、平衡的人际关系。与我们的朋友、同事以及许多同辈人，我们都会以平常心待之，这时视线是平行的，那脸自然是相对互视了，这就是所谓的"正视"，意味着"我们是平等的，谁也不比谁差，谁也不比谁强"。

假如一个人的关心和欲求加深，就会不敢正视，改成斜视对方，这表示对对方有兴趣，但不想被对方识破，一方面想了解对方，另一方面又想隐瞒自己的内心。所以，当他试图掩饰自己注意对方的举动时，就不会扭转头部，导致视线斜视。不过，就其他人而言，斜视会造成自己的担忧，甚至产生厌恶的感觉，就好像自己作为一个被审判人一样。

心理启示：

在日常交际中，为了让沟通顺利进行，我们应该尽量正视对方，而不是斜视。斜视会给对方一种被审判的感觉，似乎对其所说的话表示怀疑、猜疑,虽然,单就斜视这种目光而言,它是一个很好地关注对方的视角,既不明显,又可以把对方脸部的细微表情尽收眼底,在生活中,一些有经验的销售人员会用这样的视线来与对方交流。但如果仅仅是日常生活中的交流,我们就要尽量避免用斜视的目光,这样只会让对方心中产生不悦,从而影响沟通的顺利进行。

第六章

捕捉面孔微反应：分析脸部动作的意义

通过大量的实验表明，人脸的不同部位具有不同的表达情绪的作用。比如，眼睛对表达忧伤情绪很重要，口部对表达快乐与厌恶情绪很重要，而前额可以提供惊奇的表情，眼睛、嘴巴和前额等对表达愤怒情绪很重要。人们之所以会呈现出不同的表情，那是源于其内心的不同情绪。当一个表情呈现出来之后，我们就可以此判断出当事人正处于何种情绪。

第一节 面部表情是可以伪装的

一个人所拥有的许多表情，其实是有生物学基础的。比如，大脑中的杏仁核区域控制着人的害怕情绪表情，当一个人受到威胁的时候，杏仁核区就会传递信息，人就会做出恐惧的表情，这就是自然的反应。但在很多时候，人的表情是可以伪装的，也就是说，某些表情是故意装出来的。在这方面，如果你经常看电视就可以通过演员的演技体会到了。在电视剧中，明明知道他们所扮演的是一个虚拟的角色，这样的角色只存在于荧屏上，但那些演技颇高的演员却以生动的表情迷惑了观众，当悲情剧上演的时候，电视机前尽是观众的哭泣声。对此，我们不得不佩服演员的深厚功底，同时，也不得不承认，神态表情是具有伪装性的。

如果我们在百度上搜索微笑的表情，那一定会出现奥黛丽·赫本的经典笑容，那是一张端庄微笑的照片。然而，对于这样的微笑，却有微表情学者说："这就是典型的假笑，是为了摆造型做出来的笑。"同时，他说道："当人的脸部表情两边不对称的时候，表现出来的感情可能是装出来的。如果先突然大声说话，然后再用手猛拍桌子，这是对可怕事情反应的手势时间差。假如是真的发火，那这两个动作应该是同时进行的。"

原来，笑容也是可以伪装的。当我们在识别笑容的真伪时，最重要的是看鱼尾纹肌，不论是小孩还是老人，在真笑时，都会咧开嘴，嘴角向上，鱼尾纹肌是皱在一起的。不管是否有鱼尾纹，鱼尾纹肌都是一样的，而假笑时，嘴部的表情是一样，但鱼尾纹肌是没有什么变化的。

神态表情是如何伪装的呢？

1.有情绪不一定有表情

生活中,人与人之间的交往会遵循许多社会准则,在这样的情况下,能够随意地呈现自己情绪的场景并不多见。在很多时候,人们情绪的表达会受到一定的约束和限制,在这样的情况下,表情就会显得很隐晦,甚至会出现伪装的表情,就好像每个人都戴了一张面具。

2.有表情不一定有情绪

一个人随着社会经历的增加,他们会随意做出各种常见的表情,这样的事情对于演员而言会更加容易。通常情况下,优秀的演员可以在两秒钟内精准地控制某一只眼睛默默流出眼泪。因此,如果我们观察到了某种表情,并不能确认这个人内心产生了相应的情绪,因为这个表情有可能是伪装的。

心理启示:

人是善于伪装的动物,每个人都生活在一个伪装的世界里。这一点无论你接受与否,那都是客观存在的。每个人都扮演着不同的角色,随着地点的不同、面对对象的不同,他所呈现的表情也是不同的。很多人善于通过自己的面部表情来掩盖真实的自己。其实,他的每一个眼神、每一个微笑都有特别的含义,只要你读懂那些表情,就有助于你读懂对方。

第二节　嘴巴小动作的微反应

从生理学角度看,通常情况下,人的脸部肌肉会随着情感的变化而变化,其中特别是以眼睛和嘴部四周的肌肉最为显著。按照嘴角弧度的不同,嘴部的动作可以分为很多种,或张开或闭合,或向上或向下,或向前或向后,或抿紧或放松,这样不同的嘴部小动作恰恰反映了不同的心理活动。比如,在生活中,容易被我们辨别的嘴部小动作包括:嘴角上扬表示喜悦,嘴角下垂表示痛苦,嘴巴大张表示惊讶,嘴唇紧闭表示生气等。

下面,我们就一一来揭示:

1.舔嘴唇

在生活中,当我们面临很大压力的时候,会感觉到口干舌燥,这时就会不自觉地用舌头不断地舔嘴唇,以便让它湿润一些。同样的道理,当人们感到不自在或者紧张的时候,他们也会反复地摩擦嘴唇,以此寻找自我安慰,并希望通过这样的动作让自己镇定下来。不过,在日常交际中,如果一个人总是不停地舔嘴唇,那并不会让人感到他是一个自信的人,反之,这样的动作只会让当事人更紧张。

2.抿嘴

当我们面临重大压力的时候,一种常见的反应就是隐藏或拉紧自己的嘴唇。随着内心压力的增大,原来丰满的嘴唇会慢慢变得扁平,最后成为一条直线。而这个形态,恰恰表示人们内心的情绪和自信被大大打击,跌至谷底。心理学家分析,抿嘴唇是自我抑制的表现,这就好像大脑在告诉我们"闭上嘴巴,不要让外界的任何东西进入身体",不过,正是因为这个抑制情绪的动作,反而暴露了这个人内心的焦虑。

3.撅嘴

当一个人的嘴唇向前撅的时候,通常表示心存不满情绪或不同的意见。对此,心理学家分析,这是当事人希望将不满的意见拒绝掉的意思。有时我们会看到这样的情景:在开会时,当一个人不同意其他人的意见时,通常会做出这样的举动。当然,撅嘴并不完全是心存不满,因为有些爱撒娇的女孩子也经常做出撅嘴的动作。

4.撇嘴

当人们不开心的时候,通常会做出下唇向前伸、嘴角下垂的动作,这也就是我们常说的撇嘴。如果说嘴角上扬表示喜悦,那撇嘴的动作则表达了一种负面的情绪。当人们内心感到悲伤、绝望、愤怒或者不屑的时候，他们的嘴部就会出现这样的动作。其实，当克林顿深陷与莱温斯基的性丑闻以及小布什被指责伊拉克情报失误的时候，我们都可以从其嘴部观察到这个细微的小动作。

心理启示：

尽管在不说话或说话时，人们嘴部的小动作是异常丰富的，但人们往往忽视了其背后的心理含义。而同样对于那些细微的小动作，心理学家经过研究发现，每一个小动作背后都隐藏了一个心理秘密。

第三节　嘴角反应揭秘其真实情绪

在小时候，我们都玩过这样一个游戏——贴嘴巴，也就是在不同的脸上贴上不同表情的眼睛和嘴巴，然后观察组合成的新表情。不同的搭配自然会产生新的表情，不过，即便是同一个眼睛的表情搭配不同的嘴巴表情，最后的结果也是令人惊讶的。我们常说眼睛是心灵之窗，是一个人情绪的全部表现，其实并不是这样，在面部器官中，嘴巴也是重要的表情窗口。

嘴巴有四种基本的运动方式：张开闭合，向上向下，向前向后，抿紧放松，在不同的运动方式下嘴角会呈现出不同的形态。这些丰富的嘴角形态反映了当事人处于何种情绪。

1.嘴角上扬

嘴角上扬，这个表情动作是最容易辨认的。当一个人开心的时候，他的嘴角就会不自觉地上扬，这是真实情绪的自然流露。假如一个人只是勉强露出微笑，那你可以观察一下，其嘴角没有任何动作，即便勉强保持嘴角上扬的动作,但那嘴部的肌肉是明显僵硬的。

2.嘴角扁平

在什么时候一个人的嘴角才会出现扁平的形态呢?也就是当他把嘴唇抿成“一”字形的时候。大多数人在需要做重大决定或事态紧急的情况下就会有这样的反应,这表示他正处于思考状态中。而且,这样的人大多比较坚强,具有坚持到底的精神,面对困难从来不会退缩,因此,习惯做出这样动作的人很容易获得成功。

3.嘴角上挑的人

相比较嘴角上扬,嘴角上挑的人看上去有点傲慢,这表示其内心处于强烈的优越感中。这样的人机智聪明,性格外向,能言善辩,善于和那些陌生人成为朋友。他们胸襟开阔,有较强的包容心,即便那些曾经伤害过他们的人,他们也从来不放在心上。

4.嘴角向后

在与人交谈中,假如其中有人嘴角稍微向后,那表示他正在集中注意力听别人说话。

5.嘴角下压

在面部器官中,当一个人嘴角下压的时候,会使得这个人的整个嘴部做出下垂的动作。这样的嘴角动作,表示当事人正处于负面情绪之中,有可能是悲伤、懊恼、抑郁等。尽管他在极力掩饰内心的这种情绪,但其嘴角的细微动作还是将其内心的秘密显露无遗。

心理启示:

嘴角的动作是因嘴部的上唇提肌和下唇肌共同作用而形成的,或嘴角上扬,或嘴角上挑,或嘴角下垂等,这些看似细微的动作却可以泄露出一个人内心最真实的秘密。因此,千万不要忽视了嘴角动作的变化,一旦嘴角发生了细微变化,那将预示着这个人内心情绪发生了变化,因为真实情绪往往会隐藏在嘴角的变化之中。

第四节　嘴巴紧闭和张开的微反应

当一个人不说话的时候,其嘴巴是紧闭的;当一个人说话时,嘴巴是张开的。在这两种情况中,嘴巴有紧闭和张开两个动作。其实,不仅仅是在说话或不说话的情况下,嘴巴才有紧闭和张开的动作,在其他的情绪呈现中,也会出现这两个动作。

而且,仅仅是紧闭和张开这两个明显的嘴巴动作,也会表现出其内心情绪的不同。

1.紧闭的嘴巴

有时候,人们习惯性紧闭着嘴巴,给人一种拒人于千里之外的感觉。看似不想说话,其实内心却有另外的情绪在涌动,有可能是哀伤,有可能是愤怒等,下面我们就单闭嘴这个动作,揭示出其中有可能隐藏的情绪。

(1)悲伤。在许多悲伤的脸上都会出现紧闭嘴唇的形态,不论是失声痛哭还是略带克制的平静忧伤。在这些表情中,因上唇在颧小肌或者提上唇肌的作用下发生改变,嘴角会保持向两侧拉扯咧开的倾向,不过这根本没明显的变化。这样紧闭着嘴巴,是悲伤表情的典型形态特征,这种苦涩的瘪嘴,就好像人们在吞咽药水很痛苦的表情。

(2)愤怒。当一个人在愤怒的时候,大多也是紧闭着双唇的。这时嘴部形态直接取决于口轮匝肌、降口角肌,这两种肌肉的作用就是收缩,可以让嘴唇挤在一起。一个人生气了不会随便张口乱吼,在大多数情况下只是紧闭双唇,憋着一口气,等待愤怒情绪的发泄。

2.张开的嘴巴

同样，张开的嘴巴，并不表示这个人在说话，有可能是惊讶时的动作，也有可能是恐惧时或者大哭时的动作。

（1）惊讶。当人们在惊讶的时候，嘴巴会不自觉地张开，配合一次快速的吸气，只有下唇在下巴的带动下自然向下轻微地张开，嘴唇表面皮肤不会变紧，也不会向两侧拉伸。在惊讶时，人们嘴部张开这个动作，纯粹是为了吸入更多的空气，从而为身体的下一步动作做好准备。当然，在这时嘴巴张开并不会拉动嘴部周围的肌肉，而单单是下颚有意地打开，让嘴巴张开，然后快速地吸气。

（2）恐惧。人们在恐惧时一样会张开嘴巴，脸色露出惊恐的神态。在恐惧表情中，上唇被提升，嘴角被颈阔肌向两侧大幅拉开，下唇也不光是随着下颚的垂落而打开，在降下唇肌的作用下被拉长、下降，露出部分下齿。这样一个张嘴的动作，是出于呼吸本能的需求而做出的动作，这与我们因恐惧而全身进入紧张状态、皮肤变紧的性质是相同的。

（3）大笑。在大笑时，在颧大肌的作用下，提口角肌、提上唇肌等其他与上唇的肌肉会收缩。这时，上嘴唇在这些肌肉的影响下，几乎提升到了最高位置，将上齿全部露出，甚至还会露出部分上齿牙龈。大笑的时候，下颚下垂，使嘴巴张开，不过，这时下巴不仅下拉，还会向颈部移动后贴，下嘴唇也会被大幅拉伸，表面变得平滑。

心理启示：

当我们了解到闭紧嘴巴有可能是悲伤或愤怒；张开嘴巴则有可能是惊讶、恐惧、大笑时，我们就不会再单一地将张开嘴巴理解为说话，闭紧嘴巴理解为不想说话。有时候，嘴巴简单的闭合动作，其中却隐藏着当事人最真实的情绪，因此千万不可忽视这个细微的变化。

第五节　撒谎时嘴巴的反应

虽然，我们说人们是用嘴巴撒谎，但其实在说谎的那一瞬间，其嘴部是会呈现出一种表情的。当一个人在撒谎时，他的面部表情会局限在嘴巴处，比如高兴、欣喜、悲伤和敬畏，而不是整张脸。举个例子，当一个人自然微笑时，整张脸都会有反应：下巴、脸颊会动，眼睛和前额会向下等。

生活中，当一个人有意识说谎的时候，他会有想掩盖自己说谎的心理，在这样的想法下，他会强迫自己呈现出正常的面部表情，试图让别人猜测不到自己在说谎。其实，一个人越是想掩饰其真实的内心，就越有可能从缝隙中露出破绽，即便他面部所显露出来的主要表情并不是撒谎的表情，但其嘴部的小动作会泄露其内心的秘密。所以，在日常交际中，当我们去判断一个人是否在撒谎的时候，可以将焦点放在其嘴部表情上，这样我们就可以从中看出端倪。

周末，扬扬准备打电话约男朋友一起去逛街。但是，等到自己打电话给男朋友时，他却说："我约了朋友一起去钓鱼。"扬扬虽然觉得懊恼，但想到他也有自己的爱好，于是就不再作声了，结果，她一个人跑去逛街了。

在大街上，没想到遇到了男朋友的铁哥们张军，扬扬叫住张军："咦，你不是和他去钓鱼了吗？怎么还在街上闲逛。"张军面颊上扬，嘴角下垂："钓鱼？哦，是的，他们先去了，我一会儿就去，你一个人逛街啊？"扬扬回答说："是啊，打算喊他一起的，但他却说自己要跟你们一起去钓鱼。"听了这话，张军咬住下唇，半天才说："哦，这样啊，那你先逛吧，我得赶过去了。"说完，就挥手告别了。扬扬总感觉张军的表情不对劲儿，但又说不上来哪里不对，只好摇摇头走开了。

其实,张军根本不是跟扬扬的男朋友一起去钓鱼的,他只是在街上买东西,而扬扬男朋友到底有没有去钓鱼,他也不知道,他只是帮着圆谎。

在这个案例中,张军明显是撒谎的,我们可以从其嘴部的表情看出一二:“面颊上扬,嘴角下垂”、“咬住下唇”。这些都足以说明他在撒谎,虽然他的面部表情极为镇定,但嘴角露出来的秘密却泄露了其内心的真实想法。

那么一个人在撒谎时,嘴角会呈现出什么表情呢?

1.嘴角下垂

当一个人面颊上扬,嘴角下垂,说明他有事瞒着你,并且他为此感到非常的内疚和自责。

2.食指放在嘴唇上

当一个人双手交叉相握,两食指放在嘴唇上时,说明他在竭力使自己平静,有事情想向你坦白。如果你看到对方这样子,先不要打扰他,也不要逼问他,等他自己想好了就会对你说。

3.瘪嘴

当一个人在瘪嘴的时候,说明他有意识地试图保持沉默,说明他有事瞒着你,不知道该不该跟你说。

4.舔嘴唇

舔嘴唇是一种安慰行为,这个行为可以让非常紧张的说谎者镇定,也就是说谎者在说谎时常用的表情。

心理启示:

虽然,说谎时靠嘴巴,但其嘴部表情会泄露其说谎的秘密。这就好像有人在做坏事一样,即便其表现得异常镇定,但还是免不了露出一些破绽,而撒谎者的破绽就在于其嘴部的表情。在日常交际中,我们要善于观察其嘴角动作的细微变化,有可能轻轻一个嘴角下垂,就预示着他有某些事情瞒着我们,也就是说,他在说谎。

第六节　头部动作显露其内心真实想法

心理学家认为，人的头部有直观感觉，有关专家对动物头部的形状做过分析，结果发现动物的性格与它头部的大小有很大的联系。通常情况下，头部大的动物都比较好斗，而头部小的动物则通常很温顺。对此，美国心理学家提出了这样一个观点：头部越大越饱满的人，他的智商可能就越高。当然，除了头部的形状之外，头部的动作往往可以让人获得一些重要信息。

曾经有心理学家做过这样一个实验：让 82 名参加实验的大学生戴上立体声耳机，要求一半学生在听的时候，每一秒钟点一次头，另一半学生听的时候每一秒钟摇一次头。然后他在耳机里播放了一段广播，内容是宣传增加学费。

他让点头那组学生听的广播阐述了十分有说服力的增加学费的理由，比如增加学费可以开展小班授课；摇头那组学生听的是十分没有说服力的理由，比如增加学费可以在校园里种郁金香、请清洁工美化校园。结果摇头那组学生的感觉是，摇头使他们对自己心中原有的反对意见产生了怀疑，反而不那么强烈地反对增加学费了。

结果证明了人在点头的时候不一定是同意别人，而是进一步加强了自己原先的想法，摇头反之。因此，当你看到一个人在不停地点头时，不要误以为他是同意你的看法，而当一个人对你摇头的时候，他最终也未必会拒绝你。

弄清楚头部动作的含义并非是一件很简单的事情，通过心理学家对头

部基本动作进行分析,可以得出它们大概所包含的意义:

1.头部下垂

心理学家认为,当双方在交谈时,一方将头部下垂,并呈现出低头的姿态,那所表达的意思是“我在你面前压低我自己”。假如低头的人是对方的上级或位高者,则是在以消极的方式表达“我不会只认定我自己”,从而他需要表达的是“我是友善的”。假如是把头下垂,甚至看不见对方的脸,那则说明对方是自卑或者害羞。

2.头部上扬

心理学家认为,假如双方才见面,对方的头部忽然就上扬,那意思是“很惊讶看到你”,或者表示“你怎么会出现在这种地方”;假如是在双方交谈过程中,对方忽然有一个头部上扬的动作,那则表示他忽然理解了你所说的话,并对你的话表示同意。

3.头用力地转向一边

心理学家认为,把头用力地转向一边,然后恢复原来的位置,这也就是头的单侧摆动,意思就是不同意你刚才所说的话,或者就是拒绝你刚才的请求。头部半转半倾斜向一侧,表示的则是一种友好的姿势,意思也就是说“我们关系还不错啊”。

4.不停地摇晃头部

假如对方在跟你说一件事的时候,不由自主地摇晃头部,这表示他在说谎,尽管努力争取控制摇晃头部的动作,不过不能完全控制。假如是很猛烈地摇晃头部,说明他很紧张,一定是做错了什么事情或者就是决定背叛你,不过一时又找不到很好的理由跟你说。假如是慢慢地摇晃头部,那表示对方对你说的话或对眼前所发生的事情感到十分惊讶,以至于惊讶到摇晃头部来让自己清醒地接受这个现实。

5.头部僵硬

心理学家认为,头部僵硬说明对方根本不害怕你,对你不屑一顾,假如双方是在谈论问题，那么他就是在坚持自己的观点，而且没有丝毫退让的迹象。不过，假如即便面临突发状况也面不改色，头部僵硬，则可能仅仅只是觉得心里无聊，有点发呆的迹象。

6.头部往回缩

有的人习惯头部往回缩，心理学分析，这是一个回避的动作。假如他面前有什么东西，这表示他的头部受到了威胁，往回缩是一个自然的反应动作。

7.头往前伸

假如前面发生了什么事情，一个人把头部往前伸，那表示他已经注意到所发生的事情了，而且对此还比较有兴趣。当然，得看前面到底发生了什么事情，从而做出各种分类：假如是两个相恋的人，那表示对方比较友好，伸长脖子不过是为了便于亲吻；假如双方之间刚发生过冲突，那则表示不畏惧对方，而且瞪视对方就好像在洞察对方的内心。

8.头部向后仰

心理学家认为，这是势利小人或十分自信之人常常有的动作，他们采取鼻子朝天的姿势，来对你表示挑衅。这种头部后仰的动作，其情绪变化大概是：从沾沾自喜、桀骜不驯到自己认为优越而存心违抗。可以说，这样的姿势是挑衅而非温顺。

9.头部向侧面方向移开

有人习惯性将头部向侧面方向移开，心理学家认为这是一种保持性的动作，或把脸部移开以回避对身体有威胁的事物，也可能是对方想借掩饰脸部之机而隐藏自己内心的真实意图。

10.歪斜着头

心理学家认为，这样的动作通常会发生在女性身上，一般表示为需要依靠的意思，假如对方是在玩弄风情，那么歪斜着头部则表示假装天真无邪或故意卖弄的意味，这不过是想吸引你的注意。

11.头忽然上扬然后恢复正常

假如是刚认识或者不熟悉的人，头部上扬表示很惊讶的样子。假如是在彼此熟悉的场合时，则表示当事人忽然明白了这件事的要旨，是猛然间领悟的表现。假如将头部垂下呈低头的姿态，这表示屈居人下，假如是居上位者做这样的动作则表示消极。若是在商务谈判中，低头这种身体语言是十分不受人欢迎的。

心理启示：

心理学家认为头部的基本动作都是有其特别含义的，比如抬头表示持中立态度，不过高昂的下巴却展现出自己强烈的个性；而头部倾斜则表示顺从的意思；人们在低着头时往往会形成批判性的意见、反对的态度或者沮丧的情绪。

第七节　鼻子会出卖你内心的秘密

在许多人看来，人的鼻子是不会动的，自然也就没有什么表情。实际上，在人的面部表情中，只有鼻子不会撒谎，虽然它不会说话，但它能真实反映出一个人的内心世界。在人的众多器官中，鼻子是无声语言的器官，而且，在很多时候，鼻子是会动的。比如，有异味和香味刺激的时候，鼻孔会有明显的伸缩动作；严重的时候，整个鼻子会微微颤动，或许，接下来就会出现“打喷嚏”的行为。其实，这些都是鼻子向我们发出的信息。在生活中，有的人觉得鼻子最不容易暴露自己的器官，于是，他们心里有了想法，就会在鼻子上动手脚，谁料，原来，鼻子是最容易泄密的器官，一不小心，鼻子就会出卖你的心机。

而且，心理学家发现，那些高鼻梁的人，他们多少都会有某种优越感，时常会表现出自己的傲慢态度。对于这个结论，如果你仔细观察影视界拥有高鼻梁的女明星，就会发现，鼻子真的泄露了她们内心的秘密。

心理学家赫希称这个为“匹诺曹综合征”，这是根据那个著名的童话人物而命名的。匹诺曹每次撒完谎，木头鼻子就会变长，对此，赫希指出：“人在撒谎时，鼻子会充血，通过摸鼻子或擦鼻子，这种感觉能够得以缓解。”当然，也有人解释说，摸鼻子更多表现的是紧张的情绪，弗兰克就表示：“关于撒谎的试验研究表明，摸鼻子并不是一种普通的欺骗信号。”或许，摸鼻子并不是每个人都适用的欺诈标志，它有可能只是适用于某些人。

然而，对于美国人来说，摸鼻子与谎言或紧张情绪并无关系，在他们看来，摸鼻子跟英文单词“no”一样，它是表示拒绝的一种无意识形式。在美国，如果一个人在另一个人面前摸鼻子，显示出他并不喜欢对方。

下面，我们就来详细地解释鼻子上隐藏的秘密。

1.触摸鼻子的秘密

如果一个人摸鼻子的动作比较频繁，一般会表现出这样几种心理：一是心中不坦荡；二是有抗拒心理；三是不够成熟；四是急于求成。他们总是试图隐藏自己的内心世界，担心被他人看穿了所有的秘密。

(1)撒谎的表现之一。有的说谎者在撒谎时会捂着自己的嘴，但是又会觉得好像这样做不太合适，最后通常会在自己的鼻子上摸几下来掩饰自己刚才捂嘴这一动作，其目的就是为了掩饰自己在说谎。当然，有的人其实并没有说谎，也会习惯性地摸自己的鼻子。这就需要我们从触摸的时间和力度上进行分辨，不说谎者触摸的时间稍稍长一些，力度也会稍大一点。

还有一种情况就是，对方并不想刻意隐瞒事情的真相，只是时机尚未成熟，但一不小心又说漏了嘴，于是，他们就会下意识地触摸自己的鼻子。

(2)紧张的情绪。当然，并不是所有触摸鼻子的动作都代表心中有鬼、撒谎。有时候，触摸鼻子代表了紧张的情绪，比如，朋友过生日的时候，想让对方惊喜一番，这时候就会出现摸鼻子的动作。又或者，对某位异性有好感，却羞于表达，这时也会出现摸鼻子的动作。

(3)自满心理的表现。在生活中，我们看见有的人摸着鼻子说："哪里，哪里，这只不过是小事情。"其实，他们心中正在想：怎么样，我能干吧。这时"摸鼻子"就表现了自满心理。

2.用"鼻孔"看人

在生活中，有的人不是用眼睛看人，而是用"鼻孔"看人，这其实是当事人想要表达反感的情绪。经常做这种动作的人，难以相处，一般来说，他能接受请求的可能性并不大，通常情况下，他们都是拒绝的。

3.鼻子的"表情"

鼻子也是有表情的，这就需要我们去一一辨认。比如，在谈话中，对方的鼻子稍微胀大，多半是表示自己的得意或不满，或正在抑制自己的情感。鼻头冒出了汗珠，这多表示对方心理焦躁或紧张，如果是在谈判过程中，那多半是想急于达成协议。

心理启示：

风靡一时的美剧《别对我撒谎》透露给我们许多信息，人与人的交流主要依赖的是非语言的传递，其比例高达93%，对此，脸上的表情会出卖你的真实情绪。剧里说："当一个人的上嘴唇向上耸，在鼻子上形成皱纹时，就说明他感到轻蔑。"如此看来，虽然鼻子本身并不能代表什么，但它若是与其他器官配合，则会表达出更丰富的意义。

第八节　面孔变化是其内心真实的反映

早在古代，就有占卜看相的说法，大致的方法是凭着一个人的面部特征、相貌来预测其命运，或者只凭一个人的眉毛形状来下定论。其实，从科技日新月异的今天看来，这样所谓的相学都是不科学的，毕竟，只凭着一个人的眼、眉、耳、鼻的形状以及位置等脸部特征，是很难判断出一个人的心理的。然而，若是运用现代心理学，通过一个人的面部表情来判断对方的心理，如此识人心术能准确地读出他人内心的悸动。一个人心里在想什么，会相应地反映在其脸上，这时，他的面部表情就会泄露一些秘密，如果我们能恰当地识破这些秘密，那么，我们就能知道对方的真实想法了。

有人说："人的面部表情是人的内心世界的显示器。"一般而言，人在心里感触到的喜怒哀乐都会表现在脸上，一个人高不高兴看他表情就知道了。但是，并不是每一个人的真实内心都会反映在面部表情上，有时候，他们为了寻求自我保护，会下意识地隐藏自己的一些真实情绪。不过，只要我们仔细观察，透过细微的表情，一样能捕捉到其中的秘密。在生活中，一个人面部所表现出来的各种各样的情感，那是最能吸引人的表情。或许，在对方未开口之前，你就能从其面部表情中获得一些信息，了解到对方的情绪、气质、性格、态度等。俗话说："看人先看脸。"脸是一个人内心世界的外观，当然，所谓脸并不是指人的长相，而主要指的是面部表情。

这天，张明接到了通知，下午将要与一个大公司的客户进行商业谈判。当然，张明并不是谈判代表，而仅仅是陪同而已，真正的谈判代表是公司总经理李兵。

下午，张明忐忑不安地跟着李总走进了会客室，客户已经到了。彼此寒暄了几句，就进入了正题。张明忍不住看了对方一眼，发现他脸上面无表情，冷冰冰的，似乎不带一丝情绪。他心一紧，好像真的碰到对手了，可怎么办呢？他抬头看了看坐在身边的李总，发现一向笑脸的李总居然也板着一张脸，张明可纳闷了：这是怎么了？两个人是仇人吗？随着谈判的进行，两人都面无表情，公式化地谈论着一些合作细节，不到一个小时，两人就签了合同。

客户走了之后，李总呼出一口气，整个人显得格外轻松，脸上也露出了笑容。张明不解地问："李总，刚才你们干吗都板着脸？这样的谈判怪吓人的。"李总笑着解释："这位客户面无表情，想必是一个缺乏人情味的人，跟这样的客户交谈，我笑得再多也没用，还不如跟他一样，面无表情，这样一来，他会觉得跟我是同类，自然就没有了招架之力。"

李总通过客户的面部表情判断出对方是一个缺乏人情味的人，洞悉了对方真实的想法，李总保持同样的表情，以此达到自己的目的。有人说："表情比嘴巴更会说话。"有时候，我们仅凭着一个表情的动态就能揣测出对方的心理。从心理学上看，表情是动情的一种反应，而动情则是一个人感情、意志等内部的心理活动。因此，只要我们仔细观察对手的面部表情，就可以读懂对方的心，再对症下药，达到自己交际的最终目的。

心理启示：

我们可以这样说，面孔变化是一个人内心世界的真实映照。比如，一个人脸上泛红晕，一般是羞涩或激动的表现，男女在相恋的时候，也时常会脸红；脸色发青发白则是生气、愤怒或受了惊吓的紧张情绪的表现。眉毛、眼睛、鼻子和嘴巴则表现了丰富而微妙多变的情绪，比如，皱眉表示不同意、烦恼，扬眉表示兴奋，眉毛闪动表示加强语气，眉毛扬起而又短暂停下，这表示惊讶或悲伤。

第七章

捕捉情绪的微反应：分析不同情感的真意

心理学家认为，生物学上有可能对感情进行研究，客观地考察感情的发生、经过的条件及其机制。比如，感情状态变化较弱而持续的为心情，比较强而且急剧的是激动或情绪。

第一节　愉悦反应：眉开眼笑

不知道我们是否发现当心情发生变化时，眉毛的形状也会跟着发生变化，泄露我们内心的情绪。所谓眉飞色舞，那尽是一副喜悦之情，内心的喜悦，全写在脸上了。眉毛的运动，主要是额肌收缩造成的上扬，皱眉肌主导收缩造成的皱眉等一些不同的形态。当一个人神志清醒，没有受到负面刺激的时候，就大部分人而言，眉毛的正常形态是两道弧心向下的弧。

有一天，小张出去办事，谁知道刚走出大楼门口，突然有一物从天而降，正中小张的肩膀。小张十分生气，一时间剑眉倒竖，忙抬头看是哪个没素质的人乱扔东西，不料扔东西的人早没影了。小张很是郁闷，皱了皱眉，决定自认倒霉。不料一低头看到砸到自己的东西，顿时眉开眼笑，刚才的怒气和郁闷一扫而光，原来砸中小张的是一张周杰伦最新的专辑，而小张一向是周杰伦的忠实粉丝。

在这个故事中，小张在短短时间内展现了三种情绪的变化，而且这三种情绪都是通过眉毛呈现出来的：生气时，剑眉倒竖；郁闷时，皱眉；高兴时，眉开眼笑。实际上，眉毛和眼睛是一样的，会随着内心情绪的变化而发生变化。

1.双眉上扬

双眉上扬，表示十分欣喜或极度惊讶。眉毛先上扬，继而在几分之一秒的瞬间内再下降，这种向上闪动的短促动作，是看到别人露出的友善表示，这时通常会伴随着扬头和微笑。

2.眉毛迅速上扬活动

眉毛迅速上扬活动，这表示其心情愉快，内心赞同或对你表示亲切。若是眉毛的完全抬高则表示“难以置信”，半抬高则表示大吃一惊，正常状态则表示不作评论。

3.眉梢上扬

在生活中，如果我们看到对方眉梢上扬，那表示对方是一个喜形于色的人，而此时此刻，表示他的情绪正处于愉悦之中。在这时如果跟对方说一些具体的事情，那势必会成功。

4.眉心舒展

在交谈过程中，如果对方眉心舒展，那表示对方心情坦然、愉快。当然，如果对方眉心紧缩，那表示他正处于忧虑之中，或正处于犹豫不决之中。

在生活中，许多情绪的表情反应，都包括了眉毛和眼睛的组合，比如不高兴、威胁、忧虑等。这些产生于内心的情绪，都会一一在眉毛上烙下痕迹，比如在高兴时，眉毛会上扬，眉心会舒展，随之出现的表情还有笑容。当一个人呈现出眉飞色舞表情的时候，其内心的喜悦之情尽呈现在了其脸上。

有时候，内心喜悦的情绪并不会如实地呈现为一个完整的微笑，也很有可能只是微笑的某个部分，也就是某个器官所表露出的表情，就好像皱眉表示心情忧虑一样。同样的道理，当一个人开心的时候，他内心的欣喜情绪有可能只会牵动嘴角，或许，仅仅是一个嘴角上扬的动作就表示了开心的全部情绪。在生活中，看到有人笑，并不一定就表示其很开心，但若是看到对方嘴角上扬，则可以透露出对方内心的欣喜。

胡校长是一个不苟言笑的人，几乎每天都板着脸，这使得所有的学生和老师都对其敬畏三分。胡校长知道这是自己的面无表情所造成的影响，但是，他不解释，也不改变，以此树立自己作为校长的威信。

这天,一个调皮的学生正在乱扔垃圾,当场被胡校长抓住了。这个学生心想:惨了,这回肯定会被狠狠地批评。果然,只见胡校长冷着一张脸走过来了,他开口说道:“为什么将垃圾乱扔呢?学校没垃圾箱吗?”学生心想,反正是惩罚,还不如胆子放大一些。他回答说:“不是我不想把垃圾放在垃圾箱里,而是学校的垃圾箱放的位置不合理。”胡校长并没有生气,饶有兴致地说:“你倒说说看,怎么个不合理法?”学生振振有词:“你瞧,我从食堂出来,走了那么远的地方,也没见到一个垃圾箱,我难道要拿着垃圾走那么长的时间吗?遇到耐心不好的人,肯定会乱扔垃圾。”

胡校长没说话,只是嘴角稍微上扬,聪明的学生捕捉到了这个细微的表情。他知道胡校长本人其实并不严厉,于是,他试着说:“其实,我还想给校长您提一个意见?”胡校长的口气已经变得温和了:“你想给我提什么意见?”学生抬起头说:“其实,我的意见就是您应该多笑笑,您总是这样板着脸,一点也不好看。”听了这样的话,胡校长那嘴角的弧度加大了,上扬得更厉害了。

可能,有人会说,既然笑容是可以伪装的,那“嘴角上扬”这个动作也是可以伪装的。其实,事情并不是我们所想象的那样。当我们在伪装一个表情的时候,为了不让自己露出破绽,往往会费一番工夫,或将自己的脸夸张地挤成一团,或将眼睛眯成一条线,在人们看来,这就是标准的开心时的表情。但如果仅仅是嘴角上扬这个细微的表情,恰恰是伪装不出来的,因为太过细微,那才是发自内心的流露,也就是我们所说的“微表情”。假如说通常的那些表情都是可以作假的,那这个“嘴角上扬”的微表情才是最真实的。那是由于发自内心的表情恰恰是最细微、最不明显的,它可以将原本完整的笑容简化为一个“嘴角上扬”的动作。

心理启示:

当一个人内心愉悦,涌动着兴奋、激动情绪的时候,由于迫于环境,在潜意识里,他有可能会有想要掩盖真实情绪的冲动,他可能会装得面无表情,或只是以正常的表情示人。但是，其内心的真实情绪，还是会通过某个器官泄露出来，比如当抑制不住的情绪偷偷地溜出来，嘴角自然上扬，这就是喜悦的表情。所以，在生活中，当我们需要观察对方的真实情绪是否是保持开心的状态时，那不妨观察其嘴角是否上扬，这样可以帮助我们更准确地揣测出对方的真实情绪。

第二节　愤怒反应：目光如炬

有人刻画了这样一个饱含愤怒情绪的表情：双眉下压，紧皱；怒视，上眼睑提升剧烈，下眼睑紧绷；嘴巴用力张大，上唇紧绷拉伸，露齿；下巴降低；鼻翼提升，露出上齿，鼻孔扩张。在这段描写中，对于愤怒时眼神的字眼只有短短一句话“怒视，上眼睑提升剧烈，下眼睑紧绷”。或许，我们无法在脑海中刻画出这个形象，但读过武侠或侦探小说的人都不会忘记这样一句话“他那杀死人的眼神”。愤怒的眼神是极具杀伤力的，因为会透露出锋利的光，在武侠小说里，有人用眼神杀人，想必就是愤怒的眼神。

在面部表情中，眼神是最能传情达意的。不管是喜悦还是悲伤，透过眼神都可以摸清其内心的真实情绪。其实，愤怒也是一样的，当一个人在愤怒的时候，即便由于修养的关系，他会强压心头怒火，但眼神会出卖其内心。在职场的一些场景中，我们一看到镜片后老板犀利的眼神，就知道他定是在生气，自然不敢再动声色了，这样的生活案例其实就是典型的微表情。

在生活中，表情是千变万化的，这也是我们所不能详细描述的原因。我们只需要记住一点，当一个人在愤怒时，不管他如何掩饰，我们都可以从其愤怒的眼神中感到受锋利的目光，以此调整自己的言行方式。

如果我们只关注一个人的下半张脸，观察其鼻子周围和嘴部的形态，那是没办法判断对方的表情和情绪的。比如，由于其上嘴唇没有明显提升，所以鼻翼也没有被提升，那鼻翼两侧和脸颊两侧没有直接挤压形成的沟纹。尽管，有时候我们难以从这些细微的表情中判断对方是否在愤怒，不过，除了这些，我们还可以注意其脸部的肌肉是否紧张。当憋在嘴里的怒气在里面乱窜时，自然而然会引起肌肉的紧张或收缩，这时如果我们仔细观察，就会发现其脸颊的肌肉在微微颤抖，而这恰恰暗示了他的愤怒。

虽然，我们一再强调愤怒的情绪呈现主要在于眼睛和眉毛的形态。比如，当一个人的怒气开始散去，他嘴部就会变得松弛，不过，因为愤怒的刺激源依然存在，因此眼睛依然可以强烈地表达愤怒情绪，不过，就面部表情而言，愤怒的程度还是比较严重。但不管愤怒的表情关键在于什么，它所能带给我们的威慑力依然是存在的。

那么，愤怒的眼神是如何形成的呢？那锋利的目光到底从何而来？

1.眼睑形态的改变

尽管上眼睑会在眼轮匝肌的收缩作用下向下闭合，同时受到眉毛下压的阻力，不过，上眼睑的提升动作依然会由上眼睑提肌协同完成。所以，当两股相反的力量在上眼睑皮肤上相互挤压，改变了上眼睑的形态时，就会形成一道褶皱重叠。

2.锐利目光的形成

在通常情况下，人虹膜的上半部分会有接近四分之一被上眼睑盖住，不过，在愤怒的表情呈现中，因为上眼睑的大幅提升，会露出较大面积的虹膜上缘，尽管上眼睑受到这层褶皱重叠的影响而变形，不过我们可以猜测出，假如没有眉毛的下压而形成的皮肤褶皱，上眼睑会越过虹膜，且不会盖住虹膜上缘。而在上眼睑被强力提升的同时，下眼睑因眼轮匝肌的收缩，轻微地提升，变直而紧绷，这让愤怒的眼神更犀利。

最后，当双眉下压、上眼睑提升、下眼睑同时出现的时候，那锋利的目光就会从眼睛中喷射而出。

3.如何判断愤怒情绪的强弱

在生活中，有时候我们会发现某些处于愤怒状态的人，其愤怒表情并不会这样，看上去眼睛睁得不是很大，虹膜露出得也不多。其实，形成这样情形的原因在于，他有可能只是有一点轻微的愤怒，程度并不强烈。因此，当我们需要判断对方愤怒情绪强弱的时候，关键不在于观察眼睛的大小或虹膜暴露的多少，而是观察其眉毛、眼睑的形态组合。

心理启示：

我们可以想象一个人脸部肌肉紧张的样子，估计他已经气得全身发抖了，甚至连面部肌肉都开始颤抖了，这暗示着当事人的愤怒情绪已经达到极端了。当然，这样的细微表情还需要我们就近观察，但恰恰是近距离观察，绝对能给我们内心带来震慑的感觉。这样强忍怒火，让肌肉紧张的情绪状态，比张嘴骂人，甚至出现肢体上的攻击行为更可怕。毕竟，所能够表现出来的愤怒行为，那还是可以接受的，但隐藏在紧张肌肉里的愤怒，不知道它何时才会爆发，那才是更恐怖的。

第三节 惊讶反应：眼神疑惑

在某些特定情境下，当人们在惊讶的那一瞬间，便想要掩饰自己受惊的表情，他们会不断地用其他的表情或动作来克制自己的表情，这时我们该如何去察觉呢？虽然，惊讶的表情并不具备任何的威胁性质，但是在某些特定的场合，假如被人发现自己所露出的惊讶表情，肯定会给某些人带来影响，这时作为当事者就会设法克制自己受惊的表情，让自己尽量保持在面色正常的状态。

小刚和梅子恋爱两年多了，不过，两人都还没告知自己的父母。这不，最近两人打算结婚了，就邀请了双方的父母一起吃饭，顺便说说两人的婚事。

虽然，父母有些责怪为什么瞒着自己，但见到儿女寻找到了自己的幸福，还是感觉很高兴。吃饭那天，双方父母都是盛装打扮，希望能给自己的孩子挣得一些面子。小刚的父母先到了，他们不断地打量着梅子，小刚的父亲更是觉得这个梅子好像似曾相识，到底是在哪里见过呢？正在他思索的时候，进来两个人，当看到那位雍容的妇人的时候，小刚的父亲差点昏厥了过去，那是自己的初恋情人，一瞬间，小刚的父亲失神了。或许，察觉到了别人的目光，那妇人也看过来，顿时，眼睛里满是惊讶和疑惑。但就一秒钟，两人的神色恢复了正常。

落座之后，经过孩子们的介绍，梅子的母亲才知道刚才那个盯着自己看的男人，也就是自己的初恋男朋友，竟然是小刚的父亲。一时之间，她竟无法言语，当小刚介绍自己的时候，她只是生硬地说了一句："你好！"她的双手紧紧地拽住自己的衣角，好像需要什么力量支撑一样。但她的脸色还算正常，只是脸上出了一些虚汗。

在这个案例中，梅子的母亲是怎么克制自己的惊讶表情的呢：无法言语、生硬的语调、双手紧紧地拽住自己的衣角，好像需要什么力量支撑一样，脸上出了虚汗。当然，这些都是通过细微观察才能察觉到的表情差异，如果我们只是粗略地看一眼，估计不会察觉到对方正处于惊讶之中。

通常人们会以这些常见的方式克制受惊的表情：

1.用手捂住嘴巴

听到意外的事情,或看到意外的情况,之所以会用手捂住嘴巴,那是因为当事人担心自己在过度惊讶之余会尖叫出来,这势必会引起混乱。对此,他们就赶紧用手捂住自己的嘴巴,实际上也是在克制自己的惊讶表情。

2.假装表现得很不在意

当两个原本熟悉的人,迫于特别的情境却需要装作不认识,那他们在刚见面时的惊讶表情是必不可少的。而且,他们想要克制受惊的表情也是可以抓住的,比如他们会假装表现得很不在意,但语气、语调却十分僵硬,让人感觉是虚假的。

通常情况下,一个人惊讶的持续时间是很短的,都不会超过一秒。假如惊讶程度较强的,表情的持续时间就会稍微长一些,不过还是不会超过一秒,而且出现得很快,消失得也很快。当他们一旦了解到当前使自己意外的事物之后,就会马上恢复常态。基于惊讶表情持续的时间较短,因此我们更需要及时地抓住对方想要克制受惊情绪的微表情。

在生活中,饱满的惊讶表情是异常少见的,人们总是会试图掩饰和掩藏自己的负面情绪,因为过于直白的表情流露,就好比自己把内心所想的话说出来,这让自己在人前成为一个透明体,自己想什么,想做什么,别人都会一清二楚。因此,惊讶的表情往往是一瞬间的,不到一秒钟的时间之后,那惊讶的表情就已经消失得无影无踪了。不过,仅仅是一秒钟的表情闪现,也可以从中体会出一些复杂的心理。

那么,一瞬间的惊讶表情所体现出人们的心理和表情到底是怎么样的呢?

1.心理活动

当人们听到或看到一些意料之外的事情时,最开始会出现惊讶的表情,但很快就会消失不见。即便只有不到一秒钟的时间,但人们的心理活动是异常复杂的,当受到了意外刺激,人的大脑会很快判断这个刺激源的性质和影响，假如在判断这个事情上停顿的时间过长，那肯定会延误了最佳的反应时机，比如在惊恐表情中，看到了可怕的东西，想要赶紧逃离现场。在这样的情况下，人们会很快地掩饰自己的惊讶表情，毕竟，如果长时间地保持惊讶情绪，有可能会被人嘲笑："还没想明白吗?"而如果遭遇的是坏的刺激源，那长时间处于惊讶的表情，不仅会遭遇危险，甚至会丢失性命。

2.表情呈现

在现实生活中，更多的惊讶是部分面部肌肉形态的表现。

(1)中等惊讶表情。中等惊讶表情是没有嘴配合的惊讶表情，这与饱满的惊讶表情相比，有两个地方需要我们仔细观察：眉毛抬得不是那么高，眼睛睁得不是那么大，不过，与正常状态相比，确实提升了眉毛，睁大了眼睛。嘴巴部分的动作，可能是非常轻微地张开，甚至不存在。不过，假如嘴唇没有分开，那么必然配合有鼻子吸气的动作，当然吸气的力度不足以让你看到颈部肌肉的紧张收缩。

(2)只有上眼睑的提升。这种惊讶的表情呈现时，连眉毛的上扬都几乎不可见，只剩下上眼睑的提升。由于当事人主观控制的抑制，或者刺激源力度的不足，都可能导致眉毛部分没有明显提升的变化，这就只能保留上眼睑的提升。相反，假如单单是提升眉毛而保持眼睑不动，则会出现失神的样子。不过，我们可以确定，这样的表情形态，不是惊讶情绪的表现。

心理启示：

虽然，惊讶情绪的表情呈现的时间是很短的，但其心理的情绪持续却并非这样短，那是因为外在的表情掩饰只是为了做给别人看的，当事人或许只是出于某个目的才会想要掩饰自己的真实情绪。这时一个人的情绪与表情呈现是不统一的，有可能惊讶表情之后，其内心依然处于惊讶之中，而表情的闪现也会体现在很细微的表情之中。

第四节　不安反应：面部僵硬

当一个人紧张不安的时候，其面部会显出僵硬感。这是因为其内心的过度紧张而影响了面部肌肉的正常收缩，甚至在这一刻，当事人已经忘记了用微笑去掩饰自己的紧张。在生活中，有时候我们自己也会出现这样的场景，当自己一个人在讲台上说话时，会感觉面部肌肉很不正常，似乎怎么也自然不起来。即便想要尝试着露出笑容，也始终会觉得嘴角的肌肉是僵硬的，牵动不了。究其原因，这来自于内心的焦虑不安和紧张情绪。

我们常说，面部表情是内心情绪的一面镜子。当一个人内心出现什么样的情绪，这样的情绪就会及时地反映给大脑，然后通过面部表情呈现出来。“紧张不安”这样的情绪是人体在精神以及肉体两方面对外界事物反应的加强。生活中好的变化，以及坏的变化，都会使人紧张不安。紧张会让人面部肌肉僵硬，睡眠质量降低，思考力以及注意力不能集中，头痛、心悸等。

在班上，他是一个内向的孩子，平时很少跟同学说话，总是一个人静静地坐在角落。虽然，在听到同学们说到了一些有趣的事情时，他也会跟着笑笑，可一旦同学们将目光转移到他身上，他便会觉得紧张不安。

那是一节公开课，当老师提出问题之后，环视了教室一周，目光竟然落到了他身上。老师决定给这个性格内向的孩子一个展露的舞台，她挑选了一个还算简单的问题，点名要他回答。听到自己的名字，他先是惊讶地张开了嘴巴，没想到老师会叫自己起来回答问题，然后，他开始有点紧张了。他感觉到自己双脚发软，似乎连站起来都很困难，终于，他慢慢地站起来，抬头看着老师,想露出一个笑容,但无奈,面部肌肉竟然变得僵硬,不再受自己控制。老师微笑着,示意他不要紧张,他开始慢慢平复自己紧张的情绪,深呼吸,然后开始一个字一个字地思考老师提出的问题,在思考的过程中,他觉得自己紧张的情绪不再那么强烈了,面部肌肉也松弛了下来。最后,在老师和同学鼓励的目光中,他大声地说出了正确答案,赢得了一片热烈的掌声。

在正常情绪下,一个人的面部肌肉是松弛的。他可以凭借自己的情绪自由调节脸部的各方面肌肉,比如微笑,嘴角上扬,眉头上扬;惊讶,嘴巴微张,瞳孔放大。但一旦这样的情绪过于激烈,比如过分紧张不安,这时那种内心的惶惶不安就会显露在面部表情中,肌肉僵硬的情况也就出现了。

不安反应属于恐惧反应之一,恐惧的微表情包括了几种不同程度的衍生情绪,由于内心情绪程度的不同,所呈现出来的表情自然会不一样。按照情绪的饱满程度递增,依次可以列出担忧、不安、害怕、恐惧四种不同的状态。刚开始,接触到外界刺激源的时候,或许只是担忧,这个刺激源到底是好还是坏呢?然后,继而发现其中的一些消极信息,开始不安起来,接着,发现这个刺激源原来是极具威胁性的,他们会变得害怕,最后达到恐惧的状态。

下面,我们就按照恐惧情绪程度的不同,依次展现这些情绪表情的差异之处:

1.轻微担忧的表情

当一个人在轻微担忧的时候,他表情中只有眉毛和眼睛流露出了担忧的情绪。眉毛没有大幅度提升,仅仅可以观察到眉头的上扬和眉毛的平直扭曲形态,眼睑整体自然,不过,上眼睑还是处于正常状态略高的位置,露出大部分虹膜。假如这时眉毛的提升和扭曲加剧,上眼睑进一步提升,那情绪就有可能上升为不安,甚至是害怕。

2.担忧的表情

当一个人轻微闭紧的双唇，配合典型的恐惧双眉形态，就能够将担忧的表情呈现出来。紧闭嘴唇实际上是一种克制，皱眉表示内心的压力和关注，这时并不需要睁大眼睛，因为没有直接的刺激源需要捕捉视觉信息。担忧表情特征集中在两点：一是眉头上扬和扭曲的眉形，这表示心中有压力，不过不是厌恶和激愤，厌恶和激愤的眉形不扭曲；二是嘴唇紧闭，唇红部分隐藏，口轮匝肌收缩使嘴唇紧绷，嘴角处因降口角肌的收缩，也产生隆起，这表示压力的存在。假如眉毛形态和嘴唇形态紧张，那就可以判断当事人承受压力的神经状态，假如嘴部的紧张状态消失，那表示担忧的状态再度减轻。

3.不安的表情

当情绪增强，表情的形态特征也随之增强，比担忧程度更高的是不安，用“焦虑不安”可以很好地表达这种心理情绪。假如听到什么不好的消息，脸上出现的表情大部分就是这样。嘴的形态基本松弛，眉毛整体趋平，依然保持扭曲的状态，眉头上扬，不过程度稍微加重。皱眉肌引起轻微纵向皱纹，眼睛睁开的程度增加，不过并不夸张，上眼睑提升没有恐惧和害怕时那么显著，不过，相比较正常松弛的面孔，虹膜上缘露出的面积要大一些。

4.害怕的表情

害怕表情的典型特征：提升而扭曲的眉毛，以及警觉的眼睛。眼睛睁得越大，表明心里越是害怕。在饱满的恐惧表情中，眼睑会试图扩张到最大的位置，以至于可以露出虹膜上缘的眼白，不过有时会被眼睑皮肤褶皱遮挡。尽管，害怕的表情不会造成十分夸张的眼睑运动，不过观察眼睛的形态，依然可以确定害怕的程度。

害怕表情主要呈现为：眼眉的扭曲形态由皱眉肌和额肌中间共同收缩形成，眉头上扬；上眼睑向上提升，露出更多的虹膜；提上唇肌轻微收缩，上唇提起，略微露出上齿；颈阔肌轻微收缩，将嘴角的两侧拉开，这样显得嘴的水平宽度更大。

恐惧的表情可以说是一瞬间形成的，但仅仅在这一瞬间，却是多个不同程度的微表情的组合。在每个情境之中，恐惧的程度不一样，所呈现出来的表情也就不一样。当我们在观察他人面部表情的时候，需要注重细微的差别，以此做出准确的判断。

心理启示：

在生活中，当一个人出现紧张的情绪反应时，该如何调适呢？对于这样的情况，我们应该坦然接受自己的紧张情绪，应该想到这样的紧张是正常的，许多人在同样的情境下可能会更紧张。我们甚至可以跟自己的紧张心理对话，问自己为什么紧张，自己所担心的最坏的结果是什么，坦然从容地面对，做自己该做的事情，那我们就会慢慢平复内心紧张的情绪。

第五节　悲伤反应：默默流泪

外界刺激源的力度和当事人抑制情绪的程度可以让悲伤分为许多不同的等级：号啕大哭、正常的哭、抽泣、闭着嘴默默流泪、委屈、忧伤等。当然，如果是饱满悲伤情绪下的痛哭，这是可以很容易辨认的，因为这样的表情特征是最清晰的。不过，其他不同程度的悲伤表现，我们就不那么容易辨认了。对此，这时我们可以从其哭泣的不同表现来解析对方的悲伤，从其眉毛、眼睛和嘴巴可能会出现的细微表情窥探其真实心理。

不同程度的悲伤表情是不一样的，此外，由于刺激源力度的不同，所带给人们的反应也是不一样的。因此，我们完全可以从一个人不同的悲伤表现中解析对方的悲伤程度。一个人哭泣的表现会随着外界刺激源力度的大小，以及人们抑制悲伤情绪的程度而变得不同。比如，当一个人遇到了重大的家庭变故，他内心的悲伤是极致的，但因抑制情绪的本能反应，他所呈现出来的表情可能就是闭着嘴哭泣。

1.闭着嘴痛哭

相比较痛哭的表情，有的人会闭着嘴哭，或许当他抑制不住的时候，会掩口哭泣。这样的表情，除了嘴部变化比较显著一样，额肌会进一步加强收缩，将眉头向上提拉。双眉皱起，向中间聚拢。对此，我们所看到的表情呈现是：双眉下压，眼睛紧闭。当然，没有人会张着嘴巴痛哭，即便是最擅长演哭戏的演员，他们所能做到的也只是睁着眼睛默默流泪。一旦悲伤情绪涌来，导致气息加剧，随之而来的动作就是紧闭双眼。

从这样一种哭泣的表现，我们可以看出当事人内心的悲伤是难以言说的，他是在本能地抑制自己的悲伤情绪释放，因此才会有“掩口”这样的动作。

2.号啕大哭

号啕大哭的表现：双眼紧闭，流泪，脸部抽搐，全身抑制不住地颤抖。这样痛哭的表现，定是刺激源力度强烈所造成的，比如传来亲人去世的噩耗等，只有这样的特别情境才会出现号啕大哭的表情。

3.抽泣

我们通常所见到的抽泣表情是：一个人默默地坐在角落里，拿着手帕不断地拭泪，但整个过程中听不到哭的声音，只是看见眼睛红红的，听见因哭泣带来的鼻子喘息的声音。一个人在抽泣，那表示其内心十分委屈，这是一种憋屈，他不大声哭泣，那是因为悲伤还没达到这个程度，只是默默地哭泣，那意味着这样的悲伤情绪是可以化解的。

4.忧伤

神情忧伤，也就是这个人脸上有悲伤的痕迹，但却没有哭，有可能是哭过了，有可能是即将到达哭泣的情绪。他们的表情呈现：双眉下压，紧闭双唇，眉梢之间有一种抹不开的忧愁。当人们呈现出这样的表情时，表示其处于即将达到悲伤情绪的边缘，他只是想到了某些不开心的事情，因此才会出现这样的表情。

从心理学角度说，当一个人处于悲伤情绪的状态时，需要寻找一个有效的渠道释放，比如放声大哭，找最亲近的人哭诉等，以此让自己内心极度悲伤的情绪得到合理地释放，如此才不会给自己的身心带来危害。毕竟，过度的悲伤，以及持续时间很长的平静的悲伤对人的身心是不利的，当一个人长期处于悲伤情绪中，那孤独感、无助感就会不断袭来，最后，他的身心就会被悲伤渐渐吞噬，直至最后在悲伤中死亡。不过，在现实生活中，许多人却习惯于抑制自己的悲痛，“带着眼泪的微笑”，这就是很好的说明，这时我们该如何通过一些微表情来窥透对方的真实情绪呢？

在生活中，有时候，我们前一刻还在痛哭，但马上我们所需要面对的是家人、朋友，如果我们不想让他们担心，就会刻意地掩盖自己的情绪。比如眼睛红红的，当对方问道“怎么了？”他会回答“眼睛进了沙子”。而且，哭泣的声音是哽咽的，但当他想要掩饰自己的时候，会先润润喉咙，尽量让自己的声音听起来很正常，其实，再多的掩饰也会露出破绽，从那颤抖的声音中，还是会辨别出对方的情绪是悲伤难过的，只不过他们在自欺欺人罢了。

那么，在刻意掩饰悲伤情绪的时候，微表情有何呈现呢？

1.嘴部的变化

掩饰的哭泣与痛哭之间的区别在于嘴部的抑制，当紧闭双眼哭泣的时候，嘴部的动作是为了抑制发声，降低哭泣的音量。不过，所造成的另外的结果，还是会抑制能量的消耗，让悲伤持续的时间变长。在抑制的悲伤情绪中，情绪需要张嘴发声哭泣，不过，如果下意识想要掩饰自己的这一表情，他会要求紧闭双唇，这样就会让嘴唇很紧张，有一种向内的压力对抗向上和向外的力量，这样嘴部就会有轻微的抖动。

2.扭曲的眉形

当一个人在刻意抑制悲伤的时候，尽管他的表情很快会恢复到正常状态，但是，在眉头之间，扭曲的眉形还是会泄露其内心的秘密。扭曲的眉形是悲伤的典型形态特征之一，或许是由于来自痛哭和抑制的纠结中，这样的扭曲形态极具感染力。同时，眉形的扭曲，也表示着其内心的纠结与抑制。

心理启示：

通常情况下，当一个人的情绪自然地由内而外散发出来的时候，这样的表情是自然流露的，没有一丝伪装的痕迹。不过，当一个人想要刻意地抑制内心的某种情绪，那么在表情的呈现中，就会露出一些伪装的痕迹，因为刻意，难免会在某些地方伪装不到位，以至于在微表情闪现中出现一些端倪。对此，当对方在刻意抑制悲伤情绪的时候，我们也可以通过仔细揣摩其呈现出来的微表情来窥探出对方的真实情绪。

第八章

捕捉手部微反应：手势变化演绎内心起伏

心理学家认为，人说话时手上都会做点细微的反应，而这些微反应可以泄露你心里的秘密。由于人的大脑皮层除了控制面部的动作以外，绝大部分就是用来控制手部动作的。比如，当有人说“捏一把汗”时，紧张的情绪不但表现在脸上，而且还会显现在手中，甚至，“手的微反应”比“脸的表情”表现得更真实。

第一节　常见的手部微反应

现代心理学的研究证明,一个人不经意间表现出来的手势小动作能够反映出一个人对别人所抱持的态度或者意见。在很多时候,每一个人的手势小动作隐藏着其内心的真实想法。在与女性朋友相处的时候,我们可以通过观察对方的一些手势小动作来发现她们对自己的意见。

每个人都有心情不好的时候,特别是由于别人造成的情况,他会表现得更突出,从而表现出烦躁不安。这些情绪除了通过面部表情及口头语言表现出来以外,还会通过一些手势小动作显现出来。

下面心理学家就介绍几种人们常见的几种小动作。

1.习惯用手拢头发的人

有的人喜欢用指尖拢头发、轻搔面部,或是把食指放在嘴唇上。心理学家分析认为,这一类人性格比较开朗、乐观,虽然在生活或工作中遇到困难时也会出现失望、沮丧的心情,但是他们能在最短时间内调整好自己的心态,坦然面对这一切,并致力于寻找解决问题的办法。

如果有人在你面前做出这样的小动作,那就表明他对你的谈话没有多大的兴趣,显得有点左顾右盼,漫不经心。他们或许正在思考自己的问题,并且认为你是在打扰他,但他们会碍于情面而不表露出来。

2.喜欢用嘴咬住一些物品的人

我们经常会发现有的人喜欢用嘴咬眼镜腿、铅笔或者其他一些物品,尤其是在办公室里。心理学家认为,这一类型的人喜欢我行我素,不喜欢受人管制。他们做出这样的动作,是想掩饰自己恶劣的情绪,不想让别人知道。

在这种情况下，你千万不要上前搭话，以免加重其恶劣的情绪。但有时候，这样的手势小动作也无法克制他那种内心的不满情绪，他们的情绪有可能会进一步恶化，进而在突然之间爆发出来。

3.习惯用手抚摸下巴的人

有的人习惯于用手抚摸下巴或者抓着下巴。心理学家认为，做出这样小动作的人大多比较世故圆滑，有较深的城府。他们这样不断地抚摸下巴只是想使自己镇静下来，克制自己内心的不满情绪，以免因自己冲动做出什么举动来，同时，他也在思考下一步的对策。

4.喜欢两手互相摩擦的人

有的人习惯两手不停地摩擦。心理学家认为，这一类型的人对自己充满了信心，喜欢挑战自我，并且在成功的路上敢于承担一定的风险。一旦他们决定去做某件事情的时候，就会一直坚持下去，而不会轻易改变主意和行动方向，所以他们在某些时候显得比较固执。而他们通常出现这种情况的时候，就是烦躁不安、心情郁闷的时候。

5.喜欢咬牙切齿

有的人在烦躁不安的时候喜欢咬牙切齿，心理学家认为，这一类型的人情绪变化无常，显得很不稳定。他们的心胸不是很宽广，喜欢意气用事，就连理智也无法把握感情。

当你在交际场合中与他人相处的时候，能够通过对方的一些手势小动作透析出其心里的真实想法，进而有效地掌控对方的心思，那么你在与他相处的时候，就会轻松很多，显得轻松自如，游刃有余。

心理启示：

一些心理实验表明，如果你与一个你很讨厌的人在一起，只会出现两种相对的反应。要么就是显得太随便，根本不在乎对方的想法；要么就是显得太拘谨，看起来无所适从，甚至手都不知道该放在哪里。而这些表现出来的不同反应，正好可以揣测出他人对我们的意见。

第二节　双手相握的微反应

心理学家认为,握手这一见面礼,形式虽然简单,但每一个人握手的方式是不尽相同的,一个人与他人握手时所采用的方式,能够反映其个性。握手,是一种礼仪,它是人与人之间的一种交流方式。在握手的一刹那,只要你用心揣摩,就能感受到对方通过手掌传递过来的信息,从而感知对方的个性。说到握手,就不得不说一下手,俗话说:“十指连心。”从中医上面来看,手掌是一个人全身各处器官的反射区,包括人的心脏。如此看来,握手就相当于一次心灵的交流,当两个人的手紧紧地握在一起,它所传递的不仅仅是问候,更是一种试探。

阿敏是一位业务员,经常与客户沟通交流,洽谈一些商务事宜。在平日里,阿敏喜欢一个人琢磨心理学,前不久,她听说能够通过握手来感知对方的个性,对此,她来了兴趣。阅读了相关书籍,又经过了一番实战演练,她觉得自己可以施展一下了。

正巧,由于工作的缘故,这两天她需要与一位客户洽谈合同。刚见面,阿敏就伸出了右手,在握手的一刹那,阿敏感到对方手劲儿比较大,像老虎钳子一样,把自己的手夹得很疼。阿敏回想了自己所看的书籍,意识到这位客户的控制欲很强,不喜欢别人反驳,与这样的人打交道最好不要得罪他,否则,肯定有苦头吃。

这样一想,阿敏觉得不能与这样的客户硬碰硬。于是,在客户谈话的时候,阿敏微笑地看着他,只专注地听着,不打扰,也不插嘴。在轮到自己说话的时候,尽量用温婉的话语,给足了对方面子。客户看阿敏态度谦和,很是满意，没怎么犹豫就签下了合同。

阿敏深谙心理学知识，仅通过握手这样小小的举动，就识破了客户的个性特点。于是，在正式谈判的时候，她尽量避开客户的锋芒，以柔克刚，果然，此举很有效。在熟悉了对方个性后，对症下药，收到了最佳的效果。

心理学家认为，握手这一礼节中隐藏的秘密，主要取决于握手的动作。在平日的握手中，因动作的不同，我们可以分为：无力型、大力型、适中型、夸张型、保守型等。那么，不同动作的握手，会表现什么样的个性呢？

1.领导型

有的人在握手前，会先和你对视片刻，在握手的过程中，故意翻转手腕，企图将自己的手掌压在对方之上。心理学家认为，这样的人具有较强的统治欲，他希望通过握手来从心理上压倒对方。

2.稳健型

有的人在握手时，力度合适，动作稳健，双眼会注视着对方。心理学家分析，这样的人个性坦率、坚毅，比较可靠。责任感强，思维缜密，常常能提出中肯的意见。在遇到困难的时候，总是能够想到解决办法，很受人的喜爱。

3.夸张型

有的人在握手时故意做出很夸张的动作，握着对方的手不停地摇晃，表现得十分热情。心理学家认为，这样的人最虚伪，喜欢做表面文章，平日里常常吹捧自己，出尽风头，以此希望给人留下热情、亲切的印象，但是，却适得其反，如此夸张的姿态很令人反感。

4.力大无比型

有的人握手力大无比，似乎想将对方的手捏碎一般。心理学家认为，这样的人有着较强的控制欲，凡事喜欢按照自己的意愿办事，希望所有的人都服从于他。如果有人反对他，他就将对方视为仇人。

5.软弱无力型

有的人在握手时软弱无力，没有半点力度。心理学家认为，这样的人缺乏自信心，比较自卑。对于事先计划好的事情，显得犹豫不决，还会打退堂鼓。个性悲观，缺乏积极性，做事很不负责任。

心理启示：

心理学家认为，在日常交际中，有的人会通过握手来打探你的底细，有的人会在握手时向你施加压力，当然，这其中的信息是很微妙的，如果你不用心感受，是无法感知对方内心的秘密的。所以，在交际中，我们应该熟知一些心理学知识，并将这样一些知识运用到实际生活中，通过握手来感知对方的个性。

第三节　你看不见的手势微反应

心理学家认为，手是人身体上活动幅度最大、运用操作最自如的部分，也是人表达情感极其重要的部位。一个人在紧张的时候，会手足无措；在高兴的时候，会手舞足蹈；在庆幸的时候，会举手加额；在畏惧的时候，会敛手屏足。双手是人体最重要的一部分，一个人若是缺少了手，定会给他的生活带来诸多不便。在一定程度上，手已经成为了我们做事的工具，其实，手也是有表情的，可以说，它是人的第二张面孔。实际上，手所能表示出来的东西远不止这些，我们还可以通过观察一个人的手来了解其生活态度。虽然，手的作用是差不多的，但是，具体到每一个人的手，却可以发现它们是很有差异的。有人的手十指纤纤，有人的手粗大无比，有人的手宽阔厚实，原来，每个人的手都会显露出细小的差异，这是因为每个人的生活态度不同。

众所周知，手是人体上最有特色的器官之一。科学家认为，手是人能够具有高度智慧的三大重要器官之一，其余两个器官是可以感受到三维空间的眼睛和能够处理手眼传来的信息的大脑。一个人的手与其大脑是紧密相连的，一旦大脑传出了什么指令，就会通过手去完成。在日常生活中，几乎所有的事情都是通过手完成的，吃饭端茶需要手，洗衣做饭需要手，可以说，我们的生活离不开这双手。于是，无可避免的，生活的印记也会逐渐烙在那双手上，有可能是疤痕，有可能是肤色，有可能是老茧。那些手上所能表现出的东西，通通都是生活的印记，我们可以从那些疤痕、肤色、老茧来看出一个人的生活态度。

虽然，每个人的手都有所差别的，但是，心理学家还是按照较为普遍的特征将手分为以下几种：

1.肥胖型

心理学家认为，看上去胖乎乎的手，给人以踏实、可爱的感觉，值得人信赖。不过，拥有这样一双手的主人，比较自卑，很少在人前露出那双胖乎乎的手，尤其是碰到比自己漂亮的手，他会自卑地缩回身后。在他们身上，有着稳重而成熟的性格，以及严谨的生活态度，凡事认真对待，绝不马虎了事。喜欢传统的东西，比如古典音乐，拒绝接受流行的东西。他们有着很高的志向，因为在他们看来，自己是能成大器的人，不过，有时候，他们忽视了自己保守的一面，因而，他们很难获得成功。

2.修长、柔软型

心理学家分析，这种双手看上去就是天生的，没有被生活的辛苦而蹂躏，几乎没有留下一点伤痕。拥有这样一双手的人，有着与生俱来的优雅气质，过着养尊处优的生活。其家里不是有钱有势，就是小康之家。在生活中，他们天性散漫，不温不火。他们喜欢比较典雅的东西，诸如古典音乐、建筑、绘画，因为这双手看上去就是一双艺术之手。不过，他们对待自己的工作，显得热情有余，缺乏毅力。对待生活也是得过且过，一旦失败了，他那股对艺术的热情就会土崩瓦解，于是乎，就会感叹世间的无情。

3.瘦削而细长型

心理学家认为，这样的手瘦削而细长，好动灵活，充满了攻击性。拥有这样一双手的人，善于伪装自己，外表给人极好的印象，但阴险、狡诈才是其真面目。他们对待生活的态度就是欺骗，虽然，他们本身很贫穷、潦倒，但是却选择昂贵的首饰，以显示自己的富有。在生活中，看重金钱，属于一个比较势利的人。平日里，喜欢揣摩别人的心思，投机取巧，以此来使自己的职位得到晋升。

4.毫无瑕疵型

心理学家认为，有人的手如玉器般，毫无瑕疵，看上去就很高贵、华丽，这样的一双手，哪怕不佩戴任何首饰，看上去都是漂亮的。拥有这样一双手的人，对生活百般挑剔，只注重自己的形象。他们在选择伴侣的时候，会考虑外貌和内涵，彼此相合才会考虑感情。他们会选择与自己有着同样兴趣和气质的朋友，对其他人则十分挑剔。当然，这样一双美丽的手，是不会轻易干活的。

心理启示：

心理学家认为，一个人是否养尊处优，可以从一双手中看出来，一般情况下，一个养尊处优的人，他的手是干净而白皙的，没有老茧、没有伤痕。同样的道理，我们可以通过一双手来窥探一个人的生活态度。

第四节 说话时手势的细微变化

在日常交际中，说话是必不可少的一项任务，而伴随着一个人说话的还有一系列手势。手势，就是指用手指、手掌、手臂的活动来表达情感，传递信息。通常情况下，人们在说话时都会附带一些手势，手势一方面可以强调和解释语言所传达的信息，另一方面适当的手势可以使讲话的内容更丰富、形象、生动。对此，有人说："手势是口语表达的第二语言。"由于手势语是肢体语言的重要组成部分，因此，通过一个人在说话时所使用的手势，可以窥其真实的个性。这是因为手势语是其在讲话过程中常用的一种动作语言，一举一动均是其真实个性的自然流露。对此，心理学家认为，不同的手势反映了一个人不同的心理活动，某种程度上可以从中读出对方的真实个性。

某位英国记者在整理多张欧美首脑照片的时候，发现了一个奇怪的现象：从奥巴马、希拉里到卡梅伦、萨科齐，他们在讲话时都会摆出同一个姿势：伸出手臂，并用手指指向天空。尽管在很多时候，天空中什么东西也没有。

原来，奥巴马在访问英国的时候，交谈期间，首相布朗和保守党领袖卡梅伦都不约而同地伸出了手指；希拉里在多次民主党总统候选人拉票集会期间，在向民众讲话的时候，她也伸出了手指；德国女总理默克尔和法国总统萨科齐在欧盟会议上，两人均是伸出手指，指向远方。

对此，心理学家这样分析：欧美领导之所以在讲话时伸出手指指向天空，是因为他们在潜意识里，希望令自己看上去更具有领袖的气质，而不想被观众认为是一个多余的人。英国心理学家马丁·斯金纳博士这样说道：

“首脑和那些即将成为首脑的人，都希望自己看上去像是一位真正的领导者。于是，在讲话的时候，他们在潜意识中试图摆出类似雕像的姿势。很显然，抬起手臂、昂起头的姿势无疑比光站着讲话更有活力，而眼睛向前方望去，使他们看上去更有远见。”

下面，我们就几种常见的讲话手势，让心理学家为我们一一分析隐藏在手势之外的人的个性。

1.习惯性摸嘴巴

有的人在讲话时习惯性摸自己的嘴巴，但是，这样手势很细微，如果你不仔细观察，根本发现不了。心理学家认为，这样的人性格内向，容易害羞，他们常常用语言来表达自己的真心，不过，却很容易被人误会。另外，如果他在讲话时经常出现这样的手势，表明其最近压力很大。

2.不自觉地举起自己的手掌

有的人在讲话时总会举起自己的手，试图在强调某个重点。心理学家认为，这样的人思想开放，热衷于社交。但是，在生活中，经常会犯喋喋不休的毛病，比如，有的人只不过犯了一个小错误，他可能会说上半天。喜欢表现自己，由于其情感善变，因此，你很容易与之亲近，但同时，也很容易被他所讨厌。对于这样的人，需要小心相处，稍有不慎，你就有可能变成那个令他讨厌的人。

3.两手握在一起

有的人在讲话时会将两只手握在一起，或许是很少在公众场合讲话，以此手势表现出其内心的紧张。心理学家认为，这样的人大多属于容易紧张的人，如果他是认真地与你谈话，那么，下意识里，在他身上就会出现这样的手势。他们大多个性敏感而多疑，在做决定时常常陷入犹豫不决的状态，因而错过了许多良好的机会。

4.用手摸头发

有的人在讲话时会不时地用手摸自己的头发，心理学家认为，这样的人喜欢注意身边的人，同时，他们很在意身边的人，并且在意其对自己的看法。对这样的人，女性朋友要注意自己的言行，以防给他留下不好的印象。另外，对于自己的失败与错误，他们常常耿耿于怀，十分介意。

心理启示：

在日常交际中，人们说话时的手势是各种各样的。有的人在说话时总是不自觉地举起自己的手掌，试图让下面的听众都能看到；有的人在讲话时会习惯性地摸自己的嘴巴；有的人在讲话时则会不时地触碰自己的头发；有的人在讲话时，总是将两手握在一起，时而分开，或者时而又握在一起，在讲话过程中一直重复这样的动作。如此不同的手势，直接体现了一个人不同的个性。

第五节　紧握双手泄露其内心的不安情绪

在生活中，我们经常会看到有人习惯于紧握双手，这到底表示什么心理呢？当我们遭遇了一位刚刚创业失败的朋友，他向我们描述自己创业经历的时候，随着谈话的深入，他的双手会渐渐地握在一起，而且，随着讲述的继续，他的双手会越握越紧，以至于那紧紧靠在一起的手指都泛白了。有人形容，这就好像两只手用胶水粘在了一起，动弹不得。其实，紧握双手表示一种内心的紧张感、焦虑感，或者是一种消极、否定的态度。伊丽莎白女王在出席皇室访问以及参加公众活动时最常用的就是这个手势，这时她会将紧握的双手优雅地放在膝盖之上。

在面试过程中，小丽先是将双手平坦，放在自己的膝盖上。这时面试官提问了："你为什么会选择我们的公司呢？"小丽顿了顿，整理好了思路，开始回答："在我的眼里，贵公司是一家以生产、销售为一体的知名公司，而且，我查阅了贵公司最近几年的发展历程，可以说，我对这样积极发展、蓬勃向上的公司很有好感……"

面试官对这样的回答似乎很满意，小丽也松了一口气。但接着，面试官后面的问题就有点重量了"如果我们没有录取你，你会怎么想？"、"你对自己很有自信吗？"小丽头上沁出了汗，双手渐渐握在一起，越握越紧，最后，手指竟然显示出苍白的颜色。

双手握在一起，即便当事人还面带微笑，但也难以掩饰其心中的失落与挫败感。通常情况下，人们觉得自己所说的话缺乏说服力，或者是认为自己已经在这次谈话落败的时候，就会出现这样的手势：双手紧握。这样的手势大概有三种：将双手举至脸部，然后握紧；将手肘支撑在桌子或膝盖上，然后紧握；站立的时候，双手在小腹前握紧。

心理启示：

心理学家认为，其实，在紧握双手这个手势中，双手位置的高低与当事人心理焦虑的强烈程度有着极为密切的关系。也就是说，假如当事人把两只手抬得很高而且双手紧握的时候，也就是双手位于身体的中间部位的时候，要想与之有进一步的沟通就会很困难。而假如当事人的双手位于身体下部的时候，这时与其交流就容易多了。

第六节　手势微反应暴露其真实心理

弗洛伊德指出："潜意识是潜藏在我们一般意识下的一股神秘力量，是相对于'意识'的一种思想。"其实，在每个人的体内都隐藏着一股神秘的力量，那就是潜意识。令人奇怪的是，许多人并不知道，或者说并不了解自己的潜意识思想。不过，心理学家认为，我们倒可以通过其在日常生活中表现出来的体态举止来洞悉对方的潜意识，从而达到摸清对方真实心理的目的。在日常交际中，大部分人在做出某些行为举止的时候，他们会下意识地想掩盖自己内心的真实想法，或者，假意做出相反的举止来迷惑他人，不过，他的某些姿势还是可以泄露出其潜在的思想。所谓“江山易改，本性难移”，一个人的性情，无论他如何掩饰都会在其行为举止上一览无遗，这时，我们可以观察对方的体态表现来洞悉对方的真实心理。

星期天，小娜与朋友丽丽约在了咖啡厅，小娜很想跟朋友谈谈自己最近烦恼的事情，希望能从朋友那里寻求到一点安慰。

刚见面，小娜的眼睛就红了，她开始哭诉自己的遭遇，而丽丽却一只手撑着脸颊，呆呆地望着小娜。小娜并没有注意到丽丽的这一动作，每当说到自己遭遇很惨的时候，小娜都会习惯性地说：“你说我倒霉不？”丽丽则会配合性地点点头，不过，那撑着脸颊的一只手却一直没放下来。

小娜每次抬头看丽丽，发现她都是那样的动作，她猛然想起了自己昨天看过的一本书《身体姿势透露他的潜意识》，书里介绍如果有人以这样的姿势对着你，那表示对方无法专心听你讲话，只希望你快点结束话题，或者轮到他发言。在很多时候，他也并不是真的有什么话要说，只是觉得你说的话很烦而已。

在那瞬间，小娜回忆起之前每次找丽丽说话的时候，她都是这样的姿势，小娜有些不好意思地说：“我说完了，最近你怎么样？你说说你自己吧。”果然，小娜刚说完，丽丽就将手放了下来，开始兴奋地谈起最近的一次约会。

在和朋友谈心事的时候，如果他的姿态如丽丽一样，用一只手撑着脸颊，那表示他是一个没有冲劲儿的人，他或许根本没仔细听你说话，只期待你早点把那烦人的谈话结束掉，然后他开始谈论自己的事情。事实证明，小娜的猜测是正确的,丽丽虽然表面上没说什么,但潜意识里并不喜欢听到朋友的哭诉,她更注重自己的感受。

在日常生活中,人们的身体姿势还有很多,下面心理学家说到的一些体态,可能你会经常见到,但你却未必知道它们背后隐藏的真实想法。

1.十指交叉

心理学家认为,这个手势动作是人们常用的一种动作,许多人以为这是自满的意思,其实并不是这样。十指交叉的动作是在隐藏自己内心的感觉,如果你在说话的时候,对方有这样的动作,那表示对方对你所说的东西并不感兴趣。如果对方将手松开了,这表示他有话要说,或者,想起身离开。在某些时候,十指交叉还表示内心焦虑、紧张的情绪。

2.搓手

心理学家分析说,搓手这一手势并不是只表示人们怕冷,也表达了自己心中的某些期待。有的人搓手动作很快,那表示他对自己心中所想的事情跃跃欲试,而且抱着异常急切的心态,比如,有朋友说去踢足球吧,这里他就会快速地搓手,希望这一想法立即实现。有的人搓手动作比较缓慢,这表示他正处于做决定的紧要关头,犹豫不定,他正在考虑要不要去做那件事情。

3.用指尖轻敲桌面

有的人喜欢用指尖轻敲桌面,桌面则会发出清脆的响声。这表示当事人正陷入思考中,或许正在思考解决问题的办法,或者正在犹豫要不要去做一件事。在某些时候,当事人觉得不耐烦的时候,也会通过这种手势动作来减轻心中的压力。

4.背手

心理学家认为,有的人喜欢将手放在背后,这样的人对生活充满了热情,对未来充满了希望,他们大多有着成熟的心态,遇到事情显得十分冷静,常给人一种镇定自若的感觉。不过,背手这一手势动作也大有不同,有的人喜欢用一只手抓住另外一只手的手腕，这表示当事人很紧张，他之所以出现这样的手势动作，只是想控制自己的紧张情绪。而且，手握的位置越高，说明情绪紧张的程度就越高。

心理启示：

心理学家认为，在生活中，一个看似很普通的体态却包含着丰富的信息，其举止形态背后的潜意识才是我们所需要摸清的底牌。莎士比亚在《哈姆雷特》中说道："一个人表面上笑眯眯，其实心怀叵测。"试想，一个采取防卫、对抗姿态而又面带微笑的人，他或许是想以假笑来麻痹你，同时还在算计着如何拆你的台。大量事实证明，一些体态语言并不像想象中所表示的那样，就好像一个人对着你微笑，但其实他心里对你充满了怨恨。当然，如果我们不仔细观察，肯定不会洞察到对方的真实心理。

第七节 "拜佛"手势显示其内心的高傲

拜佛手势，又称为塔尖式手势，就是指将双臂放在桌面上，十指对应相抵，与拜佛的手势极为相似，但掌心是分开的。心理学家认为，那些自信的人经常会用到这样的手势，以显示自己的高傲情绪。有时候，上级对下级，也会做出这样的手势，向下级传递的信息是"情况早在我的意料之中"。另外，这一手势在从事会计、律师等行业的人士身上，也使用得比较普遍。塔尖式姿势有公开与隐藏这两种形式，女性的塔尖式动作是隐蔽性的典型，她们坐着时会把手搁在膝盖上，在站着时将合着的手轻放在及腰的位置。研究专家发现，那些自视越高的人，塔尖式的位置也就越高。有时候，甚至会出现齐眉的动作，这样一来就像是从手缝儿中看人。

小敏接到总经理办公室的电话,希望自己能过去一趟,放下电话,小敏心里有点紧张,并不是因为总经理长得可怕,也不是因为总经理要批评自己,而是小敏看见总经理塔尖式的手势就觉得紧张,不知道为什么,她总觉得这个手势有点慑人。

走进办公室,小敏看到总经理正在批阅文件,小敏松了一口气,心想,终于不会见到那个可怕的手势了。看到小敏坐下了,总经理把文件整理好了,他开始将双臂放在桌面上,十指对应相抵,小敏正在说话,突然看到这个手势,一下子就忘了说什么。尤其是总经理摆着这样的手势,双眼盯着自己,小敏就觉得自己好像要上绞刑架似的。

所谓塔尖手势,就是将一只手的指尖相对应地轻轻触碰另一只手的指尖部位,形成一个塔的手势,就好像教堂里高耸的塔尖。心理学家分析,通常这样的手势会出现在上下级之间的交流中,这个手势表现的是一种信心、权威。当领导指导下属,或者是给下属提出建议的时候,他们在说话时通常会使用这个手势。充满自信的领导经常会使用这个手势,以此体现自己的身份和自信。假如他对自己的答案很有信心,那习惯于使用这个手势的人还会将其演变成一种祈祷的手势,这样会让自己看起来更像是万能的上帝。

心理启示:

不可否认,塔尖手势是一个充满自信的手势。在与他人的相处过程中,如果你希望你所说的话被对方所接受,那么,就应该在心里树立信心,不要妄自菲薄。如此一来,你的身体语言就会像你说的话一样令人信服。通常情况下,我们在进行语言表达的时候,为了辅助语言的表达效果,会适当地增加身体语言,这时,自信的手势恰好能起到辅助语言表达的效果。

不过,心理学家告诫,假如我们想说服对方,或者是想赢得对方对自己的好感,那我们则应当避免使用塔尖手势,因为这个手势有时候会给人一种自鸣得意、狂妄自大的感觉。当然,假如你只是希望能让自己看起来自信十足,那塔尖手势对你应该会有帮助。

第九章

捕捉撒谎微反应：各种小动作让谎言难掩

很多时候，一个人的行为也是可以伪装的，不过其心理却是异常真实的。在生活中，我们要善于识别人心，可以利用细微表情或动作来观察对方的一举一动，从中判断对方言语背后的真正心理，然后判断对方是否在撒谎。

第一节 撒谎时,对方在做什么?

心理学家认为,说谎是人的天性,不过是后天出现的,尽管有时说谎并非出于恶意,也有善意的,也有不得已的,不过大凡是说谎的人都有一种心理。几乎所有喜欢撒谎的人都需要思考怎么样让自己的谎言不被揭穿,而这种心态会染上一种保护色彩,希望自己能够快速地实现。不过,假如一旦被揭穿露馅了,那说谎者就会感到自卑,没有脸面,同时对周围的环境感到恐惧和焦虑。

然而,那些喜欢撒谎的人,他们的心里到底是一种什么样的想法呢?

1.撒谎者的身体微反应

心理学家认为,当人的大脑受到外界的各种诱惑时,就会短暂地出现偏离轨道的行为,且控制着诚实的身体去做一些违背自己意愿的行为。这些行为就是撒谎导致的,所以可以说,说谎者的身体微反应是可以直接体现出撒谎者的心理:由于不自主的生理、心理反应,而这些反应很自然地通过其体态语言暴露出来,比如小偷拿了别人的钱财肯定会慌张、急促、逃离各种行为以掩饰自己没有偷窃的行为,然后直接反映在其心理上。

2.撒谎只是为了保护自己的利益

这个社会比较现实,有些人为了生存,为了自己的某些个人利益,而走了弯路,这时只有利用撒谎来躲避这个社会的各种压力以及束缚。简而言之,撒谎就是为了逃避社会现实。

现代人的心理越来越复杂,比如他们在就业、学业、家庭中会遇到各种各样的事情,为了暂时地脱离这种影响,人们需要幻想来暂时地安慰自己,那就是逃避现实。这样的心态会在撒谎时不断地暗示自己幻想中的那些美好记忆,不断地暗示自己一定要坚信自己所说的话,最后导致了撒谎的癖好。

3.源于一种心理障碍

在生活中,有一些具有精神分裂的人,比如精神错乱、幻听、幻视等,他们所说的语言、表达的行为是比较恣意妄为的,这与那些正常的撒谎者是不一样的。这样的人心里实际上没有什么杂念,喜欢想到什么就说什么,夸夸其谈,总喜欢吹嘘自己,而他们大脑的潜意识里根本没有撒谎的概念。他们撒谎,只是一种精神疾病,一种心理障碍。这样的人心是虚的,表现得却镇定自若,十分坦然。

心理学家认为,一个人在说谎的时候除了会做出各种各样的小动作加以掩饰之外,还有一种情况是我们不曾料到的,那就是大部分撒谎者都会是一副正襟危坐、大义凛然的模样。实际上,这是不难解释的,这表示撒谎者比平时更加注意思考,想寻找一个圆谎的万全之计。而在平时的生活中,当一个人在思考的时候,往往会尽可能减少肢体活动,集中精力地思考问题。

心理启示:

心理学家认为,假如我们需要知道对方是否在撒谎,那就不露声色地旁观。所谓"旁观者清",就是说我们需要站在旁观者的立场上,平心静气,比较客观、准确、多角度、全方位地观察。因为一个善于撒谎的人只有在没有戒备心理,不以取悦的心态进行乔装打扮时,所展现出来的才是较为真实的自己。

当然,旁观法还需要面对面地直视,这样才能做到正面接触,通过直接"交锋"而认识对方,假如观察对方只停留在表象上,那么一些本质的东西往往就难以准确把握。

第二节　分析撒谎的假笑动作

笑是人们生活中用得最多的表情之一，因为生活中不能没有笑声，没有笑，人们就容易患病。然而，那些形形色色的笑容并不都是发自内心的。嘴角上翘、眼睛眯起、露出笑容，这就是最常见的笑容。不过，在这些常态的笑容背后，到底映射着什么样的心理活动呢？在微笑中，我们如何才能看穿对方的真话与谎言呢？

人们在撒谎时为什么会露出笑容呢？或者说，为什么会借助笑容来掩饰自己呢？当人们在说谎的时候，第一感觉就是不要被人发现，因为撒谎本身对别人而言是有欺骗性的，但如何才能掩盖自己那些不小心露出的微表情呢？笑容，也只有笑容才能掩盖那些微表情，在人们看来，笑容是毫无威胁性的，如果自己在撒谎时露出笑容，那不仅仅可以骗到对方，而且还能够让对方对自己产生好感。所以，在生活中，我们不要总认为笑容都是善意的，而是需要读懂笑容背后的秘密，比如，有的笑容是用来掩盖谎言的。

早上，小张上班时在电梯里碰到了经理秘书小雯。小张想起了昨天的考核，心想，经理的秘书肯定知道结果，不妨问问她，自己心里也好有个底。

于是，小张打了个招呼："早啊。"小雯礼貌地回应："早。"小张接着说："这两天很忙吧。"小雯回答说："是的，你们最近正在考核，很多资料都需要收集，所以每天还得加班。"听到这样的回答，小张高兴了，原来她真的知道考核的结果呢。接着，小张有些兴奋地问："那你肯定知道考核结果了，你知道我的情况怎么样吗？先给我透露透露，我也好放下心。"小雯笑了："你们的考核结果是机密，这样的事情我肯定不知道了，我只是负责收集资料。”小张有些泄气：“肯定是你自己不想说。”小雯笑了，回答说：“我还真的不知道。”

电梯到了，一脸抑郁的小张走了出去，紧接着小雯也走了出来。出了电梯，小雯舒了一口气：真危险，再说，我可要露出破绽了。原来，小雯知道考核的一些事情，但是经理再三交代过，不等总的结果出来，不能随意泄露。为了守住这个秘密，小雯只好假装一副笑脸，在小张面前撒谎了。

当人们想要撒谎的时候，他们会想着找一个很好的掩饰物，这样自己在撒谎时才能镇定自若。而在上面这个案例中，小雯所借助的就是一张笑脸。当她在微笑的时候，潜意识里告诉自己：我只是在微笑，我并没有撒谎。以至于自己真的撒谎了，她也会觉得自己没有撒谎，于是乎，撒谎变成了一件极其正常的事情，她也就不容易露出破绽了。

有人说，所谓日本式微笑，也就是职业性的微笑，皮笑肉不笑，这不是发自内心的笑。众所周知，日本人喜欢微笑，微笑几乎已经成为了日本人礼仪中不可或缺的部分。有很多到日本旅游的游客深有感触，比如在街头问路，不管是男女老少都会微笑着给你指点方向，如果是到商店买东西，即便你只买了一个面包，售货员也会微笑着跟你说：“多谢，欢迎你下次再来。”

对于如此普遍的“微笑”服务，却有心理专家称“这是典型的假笑”。

假笑，顾名思义，也就是与情绪不一致的表情，这表示当事人在撒谎。那么，通过对方所露出的微笑，我们怎么知道对方是在撒谎还是说的是真话呢？对此，心理学家将为我们揭开这层神秘的面纱。

1.真笑的表情呈现

心理学家认为，真正的笑容是嘴角上翘、眼睛眯起，这时面部主管笑容的颧骨主肌和环绕眼睛的眼轮匝肌同时收缩。这是因为真心露出的笑容是自发产生的，不受大脑控制。因此，除了反射性地翘起嘴角之外，大脑负责处理情感的中枢还会自动指挥眼轮匝肌收缩，这样使得眼睛变得很小，眼角自然就产生了皱纹，同时，眉毛也会倾斜。

2.假笑的表情呈现

心理学家提醒朋友们，虚假的笑容是通过有意识地收缩脸部肌肉、咧开嘴、抬高嘴角产生。这时，眼轮匝肌不会收缩，因为眼部肌肉不受人的意识支配，只有真的情绪出现时才会发生变化。当然，在生活中，有的人假笑得很夸张，他的面部肌肉会收缩，整个脸挤成一团，给人造成一种眼睛眯起来的假象。不过，这时如果你仔细观察，就会发现其眼角的皱纹以及倾斜的眉毛是没办法伪装的。

3.真笑与假笑的区别：眼睛和嘴巴

心理学家认为，在谎言快要被揭穿的时候，人们会习惯性地选择以微笑来蒙混过关。同时，还会出现这样的现象，当一个人在撒谎的时候，他的笑容是特别多的，理由在于撒谎者的内心很不安，他希望凭借微笑来缓和自己的紧张情绪，当然，这种虚假的笑容会掩饰自己的谎言，以及达到套近乎、笼络对方的目的。

真笑与假笑的区别在于：正常的笑容，通常都是先从微笑开始的，然后慢慢带动眼睛。虚假的笑容，嘴巴和眼睛则是同时动作，或者是嘴笑眼不笑的表情。

心理启示：

美国加州大学心理学家保罗·埃克曼教授和肯塔基州大学的华莱士·V.法尔森教授经过多年研究，设计出一套识别面部表情的编码系统，能够成功破解人们的真实表情，包括真笑和假笑。通过大量实验证明，内心喜悦所产生的自发笑容，与故意收缩面部肌肉所引起的假笑是不一样的。

第三节　笑容越复杂，越容易泄露秘密

在人的所有表情中，最常见的一种表情应该是“笑容”。在人际交往中，人们对于微笑是最没有抵抗力的。但是，谁能知晓，在笑容的背后或许是另外一张脸呢？笑容也分为很多种，通过仔细观察，就会发现人们的笑容不外乎这几种常见的笑容。如微笑、轻笑、大笑、羞涩的笑等：微笑是指不露出牙齿的笑容，这是一种会心的笑法，代表着一种有默契地暗示或者表示出事不关己的态度。通常情况下，微笑都是一个比较善意的表情；轻笑的时候露出了上牙，嘴唇稍微裂开，这样的笑容一般出现在招呼新朋友的时候，作为打招呼的一种；大笑通常是人们非常开心的时候所展示的，上下门牙全都露出来，并且发出爽朗的笑声；人们在显得不好意思的时候，就会轻抿小嘴，露出一个羞涩的笑容。当然，这些微笑都是不具备杀伤力的，在这里，我们所需要讨论的是另外一些隐藏着秘密的笑容。

不知道朋友听说过没有，笑容也分真假。笑容所反映的是一种真实的情绪，产生于可以拉动嘴角向上的面颊肌肉。笑容出现的时候，面颊会朝上扬，眼睛下皮肤会垂下，眼角会出现鱼尾纹，眉毛会下降。而且，真实的笑容所持续的时间只能是2~4秒之间。这才是最真实的笑容，如果不出现这样的面部表情，那只能证明笑容是虚假的。那些虚假的笑容，或者不是发自内心的微笑，在它们的背后都隐藏着不可告人的秘密。有的人是笑里藏刀，有的人是在撒谎，有的人是企图以虚假的笑容来掩盖真实的内心。

下面，心理学家就来揭开人们那些笑容的假面具，分析其真实的心理动机。

1.笑里藏刀

心理学家告诉朋友们，千万不要以为那些喜欢笑里藏刀的人，就是“整天低着头”、“不敢去正视别人的眼睛”、“目光隐藏”的人。其实，并不是这样的，现在很多笑里藏刀的人都已经脸皮厚到不会轻易心虚了。

但他们还是有一些特征的，主要表现在面部表情上面。比如，笑起来的时候，显得不够放松，举止轻浮，言语中有一些不检点的成分；目光虽然看似真诚，实际却四处游离，没有办法长期定位；他们唯恐自己的话语中有漏洞，一不小心说错话，因此他们所说的话都是经过大脑认真思考的。

2.皮笑肉不笑

有的人的笑容显得很假，皮笑肉不笑，他们的笑容并不是发自内心的，而是做出来的。这样的笑容一般出现在一些老谋深算的高层人士脸上，他们大多比较有心机，做事也显得很沉稳。

3.憎恨时的笑容

有时候，人们在愤怒或憎恨的时候同样会微笑。那是因为他们不想把内心的欲望或想法暴露出来，因而强力克制住自己愤怒的情绪，勉强露出一个微笑。在与人相处的时候，如果轻易地流露出愤怒、憎恨、悲哀以及恐怖等神情，很容易招来很多麻烦，影响人际交往。所以，很多人都是通过微笑来压抑负面的感情，表现出喜悦和愉快的神情。

4.说谎的笑容

心理学家认为，说谎者常常带着虚伪的面具，因此他们的笑容也是虚假的，他们会利用自己伪善的笑容来掩饰自己的谎言。美国匹兹堡大学的心理学教授杰夫里·考恩认为“我们可以说出每块肌肉动了多少次，它们停留多长时间才变化的，对方的表现是真实还是伪装的。”无论你面对的人是在撒谎还是心虚，你都可以通过对方的笑容来判断对方心里的真实想法，因为说话者虚伪的微笑在几秒钟之间就能戳穿他们的谎言。

心理启示：

心理学家告诉朋友们，真正的微笑是均匀的，它们在面部的两边是对称的，它来得快，但消失得慢，因为它还牵扯了从鼻子到嘴角的皱纹，以及眼睛周围的笑纹。而那些说谎者伪装的笑容则来得比较慢，而且它们出现在面部时是有些轻微的不均衡的，当一侧不是太真实时，另一侧想做出积极的反应，而眼部肌肉没有被充分调动。这一点我们可以通过观看电影或电视来发现，那些电影中的坏人经常露出的笑容是既冰冷又恶毒的，所以他们的笑容永远到不了眼部。

第四节　从微反应分析对方是否说谎

一般来说，说谎者都很善于掩饰自己，每一个说谎者都希望自己能够成功地欺骗他人，而自己能够享受那种喜悦的心情。其实，只要我们细心地观察，就会通过对方的言行举止发现谎言的秘密。因为，即便是最高明的说谎者，他也会出现“百密而有一疏”的情况。通常情况下，说谎者不外乎就是把自己的谎言掩藏在言行举止中，只要掌握一些如何辨别谎言的技巧，我们就会清楚地判断出对手是否在说谎。在谈判过程中，我们的对手往往将自己的真实内心包裹起来，而呈现在我们面前的是一张虚假的面具，甚至，当他嘴里说着谎言的时候，如果我们不仔细观察，也很难察觉。

那么，说谎者经常用到的掩饰方式有哪些呢？下面心理学家就简单地介绍了几种说谎者常用的方式，以此来看穿对手的谎言。

1.撒谎的人喜欢触摸自己

心理学家发现，那些说谎者在撒谎时会下意识地抚摸自己身体的某些部分,其实,说谎者在撒谎时越是想掩饰自己的内心,就越是因为这些细微的动作而暴露无遗。当我们对那些说谎者进行仔细观察之后,就会发现,他们在撒谎时会借助一些身体语言,比如,触摸自己或身上的衣物,包括掩口、摸鼻子,或者不断地拉扯自己的衣角等。

掩口:说谎者为什么会想要捂住自己的嘴巴呢?其实,这是由于说谎者的大脑潜意识里使他不想说那些骗人的话而导致的下意识动作,如此细微的举动可谓是“欲盖弥彰”。另外,当我们在谈论某些事情的时候,对方却捂住了嘴巴,这表示他对你所说的并不感兴趣,只是不愿意当面表现出来而已。

摸鼻子:有的说谎者在撒谎时会摸自己的鼻子,有可能他们本来是想捂住自己的嘴巴,但觉得这样的举止不太合适,通常就会在鼻子上摸几下,以此来掩饰自己捂嘴的动作,其目的就是为了掩饰自己在撒谎。不过,并不是所有摸鼻子的人都在撒谎,一般而言,说谎者触摸鼻子的时间很短,而且,力度很轻。

拉扯自己的衣角:通常情况下,人们在说谎时会引起心理上的不平衡,如此,就会导致交感神经功能的微妙变化。在那一瞬间,他们会下意识地拉扯一下自己的衣领或者衣角。这时候,如果你细心地观察,就会发现对方的情绪处于十分紧张的状态,随时都有可能爆发出来。

2.虚假的笑容

在说谎的时候,那虚假的笑容就成为了最好的伪装面具。有可能我们的对手在撒谎,那么,我们可以通过对手的笑容来判断其心里的真实想法,因为说谎者脸上所挂的始终是虚假的笑容,他们的笑容没有办法牵动眼部的肌肉。

3.表情的闪现

一般情况下,每个人维持一个正常的表情会有几秒钟的时间,它所呈现在脸上的时间既不会太长也不会太短。而对于一个说谎者来说,在他们伪装的脸上，真实的感情只会在脸上停留极短的时间。而且，大部分的说谎者会把自己伪装的面部表情维持或短或长的时间，一般而言，任何一种表情如果持续的时间超过了 10 秒钟或 5 秒钟，大部分都可能是假的。有的人会极力掩饰自己愤怒的表情，他们尽量使自己的表情呈现出一种相对稳定的状态，比如面无表情；而有的人则恰好相反，他们会使自己伪装出来的表情长时间出现，比如在整个谈判过程中都挂着虚假的笑容。

4.脸色发红

面部是人们最为直接的身体部位，也是最容易暴露的部分，它是人们传递情感信息最重要的部分。有的人在说谎时脸色会发红，如果有人将他的谎言识破了，他会显得更加紧张，甚至，会导致面部充血，使脸部皮肤呈红色。

心理启示：

心理学家提醒各位朋友，当然，那些善于伪装的说谎者除了上面介绍的几种方式外，还有其他一些表现，比如平时沉默寡言，突然变得口若悬河；在谈话过程中露出惊恐的表情却强作镇定；说话时闪烁其词，口误比较多；对你所怀疑的问题，过多地一味辩解，装出很诚实的样子；精神恍惚，不敢与你目光接触。在交流过程中，只要你能够细心地观察对方的言行举止，那就能很容易判断出对方是否在说谎。

第五节　虚假表情难以掩饰真实情绪

一个人的表情的外显通常被认为是“自然流露”，意思是指有所见或有所感而发，出自内心的自然本真，显示出的表情举止自然而然，但其中也隐藏了不少真性情，因为虚假的表情难掩真实的神色，你若仔细观察，必会窥探出不少秘密。比如，项羽看见秦始皇游览会稽郡的时候，脱口而出："彼可取而代也。"吓得叔叔项梁急忙捂住他的嘴，这表明项羽心直口快，而汉高祖刘邦在见到秦始皇的时候，则说的是"大丈夫当如是也"，两人截然不同的神色，表明了两人不同的心性。

心理学家说："人的面部表情是人的内心世界的显示器。"一般而言，人在心里感触到的喜怒哀乐都会表现在脸上，一个人高不高兴看他表情就知道了。但是，并不是每个人的真实内心都反映在面部表情上，有时候，他们为了寻求自我保护，会下意识地隐藏自己的一些真实情绪。不过，只要我们仔细观察，透过细微的表情，一样能捕捉到其中的秘密。

那么，如何从那些虚假的表情中捕捉他人心中的真实想法呢？

1.面无表情者

有的人自作聪明地认为"面无表情"就是最自然的神态，其实不然。在日常交际中，许多人会"面无表情"地谈话、交流，不肯轻易说出自己的想法。心理学家表示，其实他们真实的内心不外乎这三种想法：一是敢怒不敢言；二是漠不关心；三是根本没有放在心里。当然，也有可能结果恰好相反，只是对方不愿意让你看出来而已。

2.皮笑肉不笑

在生活中，许多人经常会以虚假的笑容来迷惑他人，尤其是那些奸诈的小人，他们不愿意表露自己真实的想法，常常以皮笑肉不笑的笑容示人。心理学家分析，其实，这时他们内心的想法恰恰是与脸部表情相反的，可能是很愤怒，可能只是想敷衍你，可能只是想亲近你，但其内心一点想亲近你的意思都没有。

3.洞悉对手急躁、不耐烦的表情

心理学家认为，人们在生活中学会了许多方法来掩饰自己的内心，当然，他们也知道在什么样的情况下掩饰什么样的表情。比如，在商业会谈的时候，有的人总是显得急躁、不耐烦，眉毛时常跳动，这时，他们有可能没有诚心跟你合作，只是想趁早了事，还有一种可能就是他们只是想早点结束生意而去参加公司的晚会。

心理启示：

心理学家提醒各位，在生活中，一个人面部所表现出来的各种各样的情感，那是最能吸引人的表情。或许，在对方未开口之前，你就能从其面部表情中获得一些信息，了解到对方的情绪、气质、性格、态度等。俗话说："看人先看脸。"脸是一个人内心世界的外观，当然，所谓脸并不是指人的长相，而主要指的是面部表情，而且在这里，是那些主要显露于表情之下的细微表情。

第六节　手势微反应中隐藏的谎言

心理学家表示，当一个人用手摸嘴巴，这表示当事人试图抑制自己说出那些谎话，无论是用几根手指还是紧握的拳头遮住嘴巴，这些手势所表现的心理都是一样的。在电视中，我们经常会看到这样的画面：当强盗或罪犯在和其他歹徒讨论犯罪计划，或者遭受警察审讯的时候，就常常做出这样的动作。假如一个人在说话时遮住自己的嘴巴，那他有可能在说谎。假如你在说话的时候，其他人用手遮住嘴巴，那就表示他们认为你可能隐瞒了某些事情。

没有来得及找好下家就辞职的小王，这段时间正忙着赶场面试。这天下午，他接到了两个面试通知，都是他比较喜欢的工作。于是，他把一家公司的面试安排在上午，而另一个安排在下午，中午还能吃个饭休息休息。

可是，等到面试那天，小王却破天荒地睡过了头，起来的时候已经九点半了。他急忙洗漱，整理面试资料，等赶到公司已经是十点半了。他刚气喘吁吁地坐下，经理就走了进来，没说两句，公司副总也走了过来，想看看这里的面试情况。

顿时，小王的紧张一下子就达到了顶点，在介绍自己的工作经验时不自觉地摸了摸自己的鼻子，尽管他并没有感冒，也没觉得自己鼻子有多痒。副总脸上露出了不耐烦的表情，小王心里更慌乱了，本来自己昨天还做了准备工作的，可是，一紧张什么都忘记了。一会儿，副总就出去了，剩下的面试官问了几个无关痛痒的问题，就匆匆结束了面试。小王明白，这次的面试完全让自己搞砸了。

心理启示：

心理学家发现，那些说谎者在撒谎时会下意识地抚摸自己身体的某些部分，其实，说谎者在撒谎时越是想掩饰自己的内心，却越是因为这些细微的动作而暴露无遗。当我们对那些说谎者进行仔细观察之后，就会发现，他们在撒谎时会借助一些身体语言，比如，触摸自己或身上的衣物，包括掩口、摸鼻子，或者不断地拉扯自己的衣角等。

第十章

解码姿势微反应：肢体微反应透露的信息

心理学家认为，在日常生活中，人们会有各种各样的肢体语言，诸如手势、腿部动作等，从这些姿态各异的微反应中，我们又能窥探一些什么信息呢？在本章，我们将为您一一解密。

第一节　双臂交叉环抱表达的意思

行为心理学家提醒各位朋友们，通常情况下，当男人们感到有危险降临时，就会下意识地用手护住下身，似乎这样的动作就可以保护他们的关键部位，从而增加内心的安全感。早在久远的时代，人类祖先差不多已经学会了躲在别的东西之后，以此寻求保护自己。这样的遗传因子有效地遗传到婴儿身上，所以，当孩子年纪尚小的时候，若是感觉到了危险就会想到躲在桌子或椅子等固定物体后面。随着年龄的增长，那些躲避的肢体动作会渐渐变得复杂起来，或许是认为躲避的行为显得难为情，所以，即便在遇到危险的时候，人们也不再像以前那样躲到障碍物后面，而是学会了将双臂紧紧交叉抱于胸前来保护自己的动作。

然而，双臂紧紧交叉抱于胸前的动作本身极具敌意，若是在公众场合，这样的动作是极不讨人喜欢的。所以，随着年龄的增长，人们渐渐学会了掩饰自己，他们通过稍稍放松手臂以及配合以双腿交叉的动作来隐藏环抱双臂这个动作的自卫性，从而掩饰自己内心的不安情绪。

安安是一位来自山村的姑娘，尽管她现在看上去根本不像是一个农村女娃，浑身上下都散发着城市女孩子别有的青春靓丽。然而，每每遇到一些优秀的人，或者去家境富裕的朋友家里，她骨子里的那种自卑就会流露出来，她内心总是感到不安、恐惧，担心自己会露出马脚，担心别人知道自己是农村人的秘密。

这不家住城区的男朋友几次邀请安安去家里做客，安安都找借口拒绝了。春节的时候，男朋友为这事已经说了很久了，安安觉得这次再拒绝，情面上就说不过去了。丑媳妇总要见公婆，安安这样如果安慰自己。但是，走进男朋友家里，看着富丽堂皇的装饰，坐在沙发上的安安感到很不安，她担心未来的婆婆瞧不起自己，她情不自禁地将双手交叉环抱于胸前，这一幕被颇有知识的未来婆婆看在眼里，她耐心地问着安安家里的情况，轻声安慰着："你可别紧张，看你生得这般青春可爱，就知道你们老家那边山清水秀，出美女吧？"一句话拉近了距离，安安也在不知不觉中卸下心理的防备，手臂也渐渐地松弛了下来，很随意地摆放在沙发上。

然而，某些事情就是这样特别，你越是掩饰，却越容易在不经意间流露出来。尽管成年人喜欢隐藏自己，在刻意的掩饰之下，内心的情绪依然是惴惴不安的。一旦有危险来袭的时候，或遇到不如意的事情，人们下意识里会将一只或两只手臂交叉抱于胸前，用自己的肢体形成一道身体防线，抵抗外来的危险，从而达到保护自己的目的。

人在紧张的时候，为什么会出现双臂环抱于胸的动作呢？

1.潜意识里想保护自己

我们来解读双臂环抱胸前这个姿势，交叉抱于胸前的双臂可以保护心脏、肺这些重要的生命器官，因此，这个动作可能是源自人类天生的本能。比如，猴子和猩猩在遇到正面进攻的时候，也会做出同样的动作来保护自己。

心理学家认为，当一个人感到紧张不安想保护自己，或不愿意接受他人意见的时候，他很可能会将双臂交叉，紧紧环抱于胸前，传递给对方的信息是"我很紧张，感到不安"。

2.双臂环抱这个姿势对于个人自身而言是舒服的

心理学家认为，大部分人已经将双臂交叉抱于胸前变成自己的习惯性动作了，理由是他们认为这样的姿势让自己感到舒服。实际上，人的任何一种姿势都是与其内心的想法相对应的，换而言之，假如你对某人或某事抱有否定的观点或态度，或者你根本就怀有一种防御的心理，那你将双臂交叉环抱胸前就会感到舒服自在。相反,假如你在与朋友们交谈甚欢时摆出同样的姿势,那你就会觉得有些别扭。

3.带着强烈的敌意

行为心理学家认为,双臂环抱于胸前,双拳紧握,这个动作代表强烈的敌意。女性朋友应该记住,当一个人在将双臂交叉抱于胸前的同时,两只手也紧紧地攥成拳头夹于腋下,那表示他不但具有较强的防御意识,而且还有明显的敌意。

假如对方出现了这样一个姿势,同时脸上还伴随着双唇紧闭的微笑,或者干脆露出了咬牙切齿、满脸涨红的表情,那接下来将免不了口舌之争或是更加激烈的打斗。尽管我们不清楚引起纷争的原因是什么,但当务之急就是用一种较为缓和的方法找出导致对方情绪激动的根本原因,同时安抚对方情绪,防止事态进一步恶化。

心理启示:

心理学家认为,当你将双臂交叉抱于胸前,就好比在你与对方之间筑起了一道障碍物,将你不喜欢的人或物统统都挡在了外边。双臂交叉抱于胸前的姿势在人与人的交流中相当普遍,而且世界各地对这个姿势的理解也几乎是相同的:消极、否定或防御。比如,在一些自助餐厅、电梯等公共场所以及众人排队等候的过程中,我们经常会看到彼此陌生的人们感到不确定或不安全的时候会摆出这样的姿势。

第二节　脚部微反应的不同意思

人们总是有一个习惯,那就是越是远离头部的身体部位,就越不会去关注它。比如，大多数的人都对自己的脸部十分在意，而且有意识地控制面部表情和头部姿势。甚至，他们可以通过反复练习，熟练地掌握一些表情。举个例子，有的人会假装什么事情都没有的样子，表达反对态度的眼神、强颜欢笑等。假如妈妈在你过生日时送了一件较为难看的内衣，尽管你不是太喜欢，也肯定会毫不费劲儿地展现开心的笑脸。不过，在这个过程中，我们除了脸部之外，很少会注意到双臂和双手的姿势，胸部和腹部也不受重视，更别说是脚部的动作，因为我们几乎已经忽略了双脚。

小王是一家公司的客服人员，他的这份工作并不令人羡慕：负责追讨客户债务。当行为心理学家看到他给很多客户打电话，虽然他的声音显得很放松，不过心理学家却发现，他的脚踝始终紧紧相扣，并且放在椅子底下。但是，只要是和心理学家说话，他就不会做出这样的动作。所以，心理学家问他："你喜欢这份工作吗？"小王马上回答说："非常喜欢！这份工作很有意思。"尽管小王的表情和语气都很令人信服，但是这样的回答实在与他的身体语言相矛盾。

所以，心理学家再次问道："你真的这么认为吗？"小王沉默了一会儿，松开了脚踝，手掌也舒展开了，然后回答说："哦，实际上，我都快要被逼疯了！"小王告诉心理学家，自己每天都要接到许多客户打来的电话，有的客户十分粗鲁，还有的非常凶悍，因此他总是不断练习控制自己的情绪，以免让客户察觉到自己的不满情绪。

当然，除了小王之外，心理学家还发现那些不喜欢通过电话与客户交流的销售员，大部分习惯于保持脚踝相扣的坐姿。

行为心理学家做过大量的调查，以此来证明这个观点。比如，在等候法庭宣判时，被告做出脚踝相扣的动作的概率是原告的三倍，因为将紧扣的双脚放在椅子下面，有利于他们控制自己的情绪。而对那些走进牙科诊所的患者而言，百分之八十八的患者一坐上牙科治疗椅，就会做出脚踝相扣的动作;假如只是进行常规的牙齿检查,那么只有百分之六十八的患者会脚踝相扣。不过只要是接受牙医的注射,百分之九十八的患者都会紧扣脚踝。

1.双脚轻轻晃动

心理学家认为,人们的腿部和双脚是丰富的信息源,可以泄露出人们内心的秘密。由于大多数人都会对腿部和双脚的动作不太关注,根本不会考虑掩饰或伪装这部分的肢体动作,而这种掩饰和伪装经常都会在人们的面部表情上。对此,我们可以仔细观察,一个人可能会假装出镇定自若的表情,但是假如他的双脚不断地轻敲地板或者双腿总是微微晃动,那就说明在其表面平静的神情下,其内心却充满了想逃又逃不了的挫折感。

2.撒谎时双脚的姿态

心理学家曾经邀请一些经理参加系列测试,要求他们在情景访问中撒谎,而且尽可能表现得令人信服。结果发现所有参加测试的经理,不管性别是男是女,在撒谎时脚部的下意识动作都会增加许多。

大多数经理在撒谎时会伪装面部表情,甚至还会控制自己的手势语言,不过他们根本不知道控制双腿和脚部的动作。对此,行为心理学家认为,当一个人在撒谎的时候,下半部分的肢体动作会大量增加,因此只要观察者可以看到撒谎者的整个身体,那就可以大大地提高识破谎言的成功率。对此,心理学家表示这个结果将可以解释为什么许多成功人士只有坐在整体的办公桌后面才会感觉到舒适,那是由于办公桌可以隐藏他们身体的下半部分。假如是玻璃桌面也会给我们造成很大的压力,因为透明的玻璃会让我们的腿部被一览无余,从而让我们感觉没办法完全掌控自己的身体。所以,假如你实在猜不透对方是否在欺骗你,那不妨低头看看他的双脚。

3.双腿交叉

有的人习惯在坐下之后将双腿交叉,这表示他看起来很冷吗?假如有人对此提出质疑,那对方会否认双腿交叉是有戒备心理或是缺乏安全感的表现,他们这样做只是因为身体感到寒冷。不过,假如我们想要抵御寒冷,那可以将手塞到腋窝底下,而不是双腿交叉的姿势。假如一个人真的觉得寒冷,他或许会选择双腿交叉,不过一般在寒冷的天气里,交叉的双腿会保持僵直的姿势,而且总是紧紧地贴在一起,而不会像出于戒备心理时的双腿交叉时那样。

心理学家认为,那些习惯于双腿交叉的人,总是将这个姿势归因为寒冷,而不愿意承认自己在动作背后隐藏的紧张、焦虑或是戒备心理。通常他们还会认为这个姿势是极其舒服的,这个感觉确实是真实的,因为当一个人缺乏安全感、产生戒备的心理时,交叉的双腿会让他感觉舒服,这样的动作与其内心的情绪是相吻合的。

4.谈判中双腿交叉的坐姿

在日常谈判中,有的人坐着的时候习惯把一条腿轻巧地放置在另外一条腿上,假如对方在坐着的时候双腿和双臂都保持着交叉的状态,那他就会倾向于使用短句,而且对他人的建议更多的是持否定的态度,对其他谈判人员所讨论的细节问题会显得毫不在意,而那些坐姿自然开放的人就会显得积极投入多了。心理学家认为,大约有百分之七十的人在做这个动作的时候,是将左腿放置在右腿上。

5.脚踝相扣

心理学家认为,许多人会下意识地做出脚踝相扣的动作。不过,不同性别在做这个动作时也会有所差别。比如,男性在做出脚踝相扣的姿势时,双手通常会紧握拳头并放置在膝盖上,或者是紧紧抓住椅子的扶手,同时还会摆出展示胯部的姿势;而女性在脚踝相扣时,身体姿态是略有差别的:她们会将双膝并拢,两只脚置于身体同一侧,双手并排或交叠着轻轻放在位于上方的那条腿上。仅仅是同一个动作——脚踝相扣,男性习惯敞开双膝,女性则尽可能并拢双膝,减少两腿之间的缝隙。

行为心理学家认为,当谈话对象做出脚踝相扣的动作时,其内心便产生了"紧咬双唇"的潜意识。这个肢体动作表示出他正在努力抑制某种消极情绪,同时也缺乏把握或者恐慌害怕。彼此相扣的双脚往往会悄悄地挪到椅子底下,而他们整个表现出来的就是沉默寡言的态度。对此,心理学家分析,假如一个人对交谈十分投入的话,那他的双脚也一定会自然地伸向远方。

心理启示:

心理学家告诉我们,当一个人在与你交谈的时候,如果他的双臂和双腿都做出互相交叉的姿势,那就表示他的心绪已经游移于你们的交谈之外了,这时假如你想让他对你的意见表示信服,那是不太容易的。

第三节　坐姿微反应的不同意思

在日常交际中,每个人的姿势都各具特色,心理学家表示,这看似无意的举动、随意的姿势,却可以透露其不同性格和心理状态。虽然,坐姿是人们常见的姿态,但是,不同的人,其坐姿是不同的,当然,这其中的差别不过是大同小异。毕竟坐姿所强调的应有姿势是不会变的,不过具体到每个人的姿态上,却有着深深的个人印记。或是自己加了些小动作,或者是品性使然,或者是心理关系,使得他们的姿态在细微上有所差别。比如,有的人喜欢正襟危坐,有的人则喜欢侧着身子坐,还有的人喜欢蜷着身子坐等,这姿态中的细微差别,都将透露一个人关于心理、品性的秘密。

坐姿，能体现一个人的形态美，也能体现其行为美。当然，正确的坐姿要求是“坐如钟”。良好的坐姿会给他人传递自信、友好、热情的信息，同时也会表现出自己良好的修养。也许，在我们身边，经常看见有的人两腿叉开，腿在地上抖个不停，还把腿跷得很高，这样不雅的坐姿实在让人不敢恭维。普通的坐姿应该是：在站立的姿态上，后退能够碰到椅子，再轻轻地落座，双膝并拢，腿可以放在中间或者两边。在一些公开的场合，最好不要跷腿，如果是穿裙子的女士则需要小心盖住自己的腿。不过，在现实生活中，人们的坐姿烙上了个性的印记，他们的坐姿可谓是千姿百态。

小娜有一个不太好的习惯：一旦到了大场面，坐下就开始抖脚，而且，越抖越厉害，用朋友的话说，如果在桌子上放一杯水，只要她一抖脚，五分钟不到，杯子里一滴水都不会剩下。小娜想改变这个习惯，可总是不见效果，一旦到了紧张的时候，她还是照旧不误。

那天，小娜去面试，负责面试的是公司的财务总监，一开始对小娜特别客气，热情地接待她，还给她倒水。小娜一坐下，老毛病就犯了，总监觉得小娜总是在动，刚开始没怎么注意，仔细一看才发现小娜在抖脚，当时就皱起了眉。他想小娜一会儿可能会停下来，强忍着自己不去看，继续面试。可眼睛老是注意到小娜的脚，终于，总监受不了了，他暂停了面试，出去喝了杯水，回来一看，小娜还在那里我行我素地抖脚。

总监生气了，直言不讳地要求小娜拿着自己的东西离开。

或许，到最后总监也不明白看上去很正常的小娜为什么一坐下就开始抖脚，这其中的秘密需要心理专家给我们解释。心理学家认为，那些坐下就不断地抖动腿部的人，其内心焦躁不安，或许显得很不耐烦，当然，有的人是为了摆脱某种紧张感才会如此的，比如小娜就是这种情况。在生活中，如果与你并排而坐的人无意识或有意识地挪动身体，那表示他想与你保持一定的距离，但又不好意思做出明显的举动。

下面,心理学家就列举几种常见的坐姿,与你一起解读坐姿背后的秘密。

1.两脚跟并拢,双手放于大腿内侧

有的人在坐着的时候,喜欢将两腿以及两脚跟并拢靠在一起,双手交叉放在大腿的内侧。心理学家认为,这样的人个性呆板,性情固执,不愿意接受别人的建议,即使知道别人是对的,在嘴上也不愿意承认自己是错的。

他们喜欢追求完美,凡事都希望尽善尽美。他们喜欢说多于做,总是夸夸其谈,却从来不投入实际工作中。即使只是一个短时间的约会,他也会显得很不耐烦,如此的个性使得他们在现实生活中常常遭遇失败。

2.两膝盖并在一起,脚跟分开成“八”字形

心理学家分析,这样的人性格比较内向,容易害羞,如果是女性,则表示她们对自己缺乏信心,若是在公共场合,她们说上一句话就会脸红。他们思想保守,排斥任何时尚的东西,对于许多问题的看法还停留在多年以前的状态。不过,他们对朋友相当真诚,对于朋友的求助,他们总会认真地对待,随时愿意为其效劳。

3.敞开手脚而坐

有的人喜欢敞开手脚而坐,两只手也不固定放在哪里。心理学家表示,这是一种开放式的坐姿,这样的人性格比较外向,不拘小节,天性好奇,喜欢追求新鲜的事物,对于普通人做的事情常常感到不满足,而致力于做一些别人没有做过的事情。他们喜欢与人接触,心态很乐观,即使遭到了他人的批评,他们也不在乎,始终按照自己的性格生活。

4.两条腿靠拢而坐

有的人坐着的时候,喜欢将两小腿靠拢,双手交叉放在腿上。心理学家认为,这样的人给人的感觉很温和,容易让人接近。其实,并不是这样,如果有人去找他办事,他很喜欢摆出一副大架子,不爱搭理人。他们个性比较冷

漠，城府较深，就连在亲朋好友面前，他们也常常会表露出自以为是的一面。他们做事常常是三心二意，对某些事情，他们从来不脚踏实地地去完成，而且，还经常为自己找借口。

心理启示：

心理学家提醒各位朋友们，实际上，一个人的坐姿，似乎都是无意识的，但从这貌似随意的动作中，却可以解读出这种坐姿背后的性格和心理状态。尤其是坐姿转换之间呈现出来的细微反应，可以让别人有了解你的机会。

第四节　站姿微反应的不同意思

有人说："站姿是性格的一面镜子。"这话一点儿也不假，俗话说："站有站相。"站姿，不仅能塑造好的形态，而且对我们的健康也很重要。在日常交际中，只要我们细心观察身边的人，从他们站立的姿势语言去探知其性格心理，肯定会大有收获。良好的站姿能够彰显出一个人的气质与风度，一般来说，站姿的基本要求是挺直、舒展、线条优美、精神焕发。一个人普通的站姿应该是：把身体的重心放在一条腿上，另一条腿则微曲，两肩放平，腰板挺直。如果你是站着等人，还需要注意来人的方向。需要避免的站姿：两脚分开太大；交叉两腿而站立；两肩不平衡，一个肩高一个肩低；两只脚在地上不停地画弧线；交腿斜靠在马路旁的栏杆、招牌上；和朋友勾肩搭背地站着。

但是，在现实生活中，并没有多少人能保持如此良好的站姿，大多数人的站姿可谓是姿态各异，他们保留了自己的习惯姿势。其实，正是这些细小动作的差异，恰恰能够帮助我们摸清对方的性格特点。

西装革履的王先生进入了电梯,趁着只有一个人的时候,他放松了身体,靠着墙壁站立着。一直以来,他都是一个严格要求自己的人,如此放松的姿态不太常见。原来,他正处于失意期,一个星期之前所拟定的企划案被客户否定了。老板已经下了最后的通牒:“再不将企划案做好,我看你今年的年终奖无望了。”王先生叹了口气,拖着疲惫的身体进入了办公室。

心理学发现,靠着墙壁而站立的人,多是失意者,通常比较坦白,容易接纳别人的意见。在失意时期,内心希望得到他人的帮助。王先生正是这样一个人,只要你熟悉姿势的秘密,即使你不认识王先生这个人,也能够猜出对方发生了什么事情。

那么,一个人的站姿到底能透露出什么秘密呢?心理学家将为你解答这其中的秘密。

1.一只手放入裤袋里

有的人在站着的时候,喜欢一只手放入裤袋里,另一只手则放在身旁。心理学家认为,这样的人性格比较复杂,情绪往往处于不稳定的状态,他们在对待他人的态度上往往是依自己的情绪而定,有时候会很热情,有时候会很冷淡。在人际交往中,他们首要想的就是保护自我,有着较强的自我保护意识,其他人很难接近他。

2.眼睛平视

有的人在站立的时候,眼睛平视前方,这无疑是一种标准的站姿。心理学家表示,此人对自己充满了自信,性格比较外向,给人一种气定神闲的感觉。如果对方背挺得很直,那表明这人对自己的生活充满了期待,是典型的乐天派。

3.双手置于臀部

有的人在站立的时候,喜欢把双手放在臀部。心理学家认为,这样的人有着较强的自我意识,只要是自己认定的事情,绝不会轻易改变,做事很谨慎。在他们身上体现出很好的领导力，不过，在很多时候，他们显得太主观，性格比较倔强，听不进别人的忠告。但是，总的来说，他们是一个很好的领导。

4.将双手放入裤袋里

有的人喜欢在站立的时候，将双手插进裤袋里，给人的感觉像是在装酷。心理学家分析认为，其实，这种站姿是一种警觉性的体现。他们大多有较深的城府，性格比较内向，思想陈旧保守，不善言辞，从来不轻易向朋友倾诉自己内心的想法。如果对方双手放进裤袋，同时还在弯腰，那表示对方正处于心情沮丧或悲痛之中。

5.双手抱在胸前

有的人喜欢将双手环抱于胸前，心理学家表示，这样的人性格比较好强，对他们来说，世界上没有什么难事。即使在生活中遭遇了很大的打击，他们也能很快地振作起来。他们是属于慢热型的性格，对于陌生人，有较强的自我保护意识；对于熟悉的人，则显得很亲昵。不过，他们给人的外在印象是难以接近的那一种人。如果他们双手抱于胸前，而且，身子还微微倾斜，那表示他并不喜欢你，你最好是赶紧离开。

6.弯腰曲背

有的人站立的时候，弯着腰，曲着背，给人一种封闭自我的感觉。心理学家表示，这样的人性格大多比较自闭，思想保守，他们有较强的自我保护意识。在平日的生活中，他们总是处于担忧之中，时常陷入惶恐不安中，对生活缺少热情，精神显得很委靡。

心理启示：

美国夏威夷大学的一位心理学家曾说："不同的站姿往往可以显示出一个人的性格特征。"在生活中，每个人都有自己的生活习惯、饮食习惯、体态姿势，其实，也正是这些方面决定了一个人的特征，而这些特征则能恰当地反映一个人的性格。因此，我们完全可以通过一个人的站姿，来摸清对方的性格特征。

第五节　睡姿微反应的不同意思

心理学家认为,观察和了解一个人的性格有很多种方法,但如何找到一种最好的方法却并不容易,睡姿是其中的一种。一个人的睡觉习惯,是一种直接由潜意识表现出来的身体语言。一个人无论是假装睡觉还是真正的熟睡,其睡觉习惯都会显示出一个人在清醒时、表露在外和隐藏在内的某种思想感情。

下面心理学家就介绍几种常见的睡觉微反应,以便你可以通过睡觉习惯对别人有个大致的观察和了解。

1.喜欢趴在床上睡觉

有的人喜欢趴在床上睡觉,心理学家分析认为,这类人相信自己,有较强的自信心,以及卓越的能力。他们对自己有非常清楚的认识,并且能很好地把握住自己。他们有较强的随机应变能力,即便是到了一个全新的环境,他们也能够很快地调整好自己。一旦他们确立了追求的目标,就会一直坚持下去,并且对自己充满信心。另外,他们比较善于把自己的真实情感隐藏起来,而且不会让他人有所察觉。

2.蜷缩着睡觉

有的人在睡觉时成一种蜷缩的姿势,像个婴儿一样,心理学家表示,这一类型的人缺乏安全感,性格比较懦弱,经不起任何的打击。他们逻辑思辨能力较差,做事情从来不按照先后顺序,也不会事先做好规划工作,常常是这件事情已经发生了,才意识到自己没有做好准备工作。他们缺乏自我独立的意识,总是习惯于依赖那些对于自己来说比较熟悉的人物或者环境,而对那些陌生的人物或环境则会有一种畏惧心理。他们缺乏责任心，在遇到困难和挫折的时候，常常会选择退缩。

3.成八字形睡觉

有的人喜欢成八字形睡觉，心理学家告诉女性朋友们，这一类型的人做事比较武断，虽然他们有着一定的能力，但通常情况下不会向他人妥协，态度既固执又十分强硬，经常是自己想怎么样就怎么样，不希望听到来自他人的相反意见。他们有一种想掌控权力的强烈欲望，一旦他们掌控了某种权力就不会轻易放弃。他们喜欢领导别人，喜欢让别人在自己的监督下完成所有的事情。

4.睡在床边

有很多人喜欢睡在床边，心理学家认为，这样的人比较缺乏安全感，做任何事情都比较理性，善于控制自己的情绪，尽可能地克制住自己的不良情绪。在很多事情发生时，他们宁愿相信这是自己一厢情愿的想法，可能事情并不是这个样子。他们有较强的忍耐能力，心里有一定的忍耐极限，当没有达到这个极限，他们不会轻易表现出愤怒的情绪。

5.把脚放在外面

有的人喜欢在睡觉时把脚放在外面，这样的睡姿其实相当容易让人感到累。心理学家通过分析认为，这样的人工作比较繁忙，即便是在睡觉时也会自然地感到劳累，他们在生活中并没有多少休息的时间，过着快节奏的生活。他们个性很开朗、乐观，精力充沛，在很多时候，都能凭着自己做出一番事业来。他们性格相当活泼，为人也较热情和亲切。

6.仰睡

有的人喜欢仰睡，心理学家表示，这样的人个性十分开朗、大方，他们在平时生活中对别人十分热情亲切，而且极富同情心。因此，他们在人际交往中能够透析对方的心理，了解对方最想要什么。他们一般都拥有较强的责任心，遇到任何事情都不会逃避责任，而是勇敢地去面对，主动承担属于自己的责任。他们比较成熟,对生活中的人和事都能够分辨出轻重缓急,并且知道需要怎么做才能达到最佳的效果。他们身上有很多优秀的品质,常常能够赢得周围人的尊重,而通常他们对很多事情都能够做到位,因此很容易得到他人的信赖,会使自己在人际交往中建立起不错的人际关系。

7.以呆板的姿势睡觉

有的人喜欢以一种呆板的姿势睡觉,比如双手摆在两旁,两脚伸直着睡。心理学家认为,这一类型的人生活节奏相当快,生活也很有规律性,这使得他们的精神一直处于一种高度紧张的状态中,即便是睡觉也不会放松下来。他们在每天需要做些什么事情,哪个时间段做什么事情方面都已经固定下来了,这让他们的身体和思想也形成了一种固定的规律。

8.以戒备的姿势睡觉

有的人喜欢睡觉时脸朝下,头摆在双臂之间,膝盖缩起来,藏在胸部下方,背部朝外。心理学家分析认为,这一类型的人通常具有较强的戒备心理,并且这样的一种心理状态随时跟随着他们,即便是在睡觉时也会有所警觉。他们自主意识比较强,不会随便听从别人的吩咐和摆布,对于别人要求去做的一些事情,只要是自己不愿意去做的他们就会表现得十分不乐意。更不会在别人的压力下去做,他们个性显得十分固执,如果有人强行要求他们,他们就会采取一些必要的措施。

9.抱着双臂睡觉

有的人喜欢在睡觉时环抱着双臂,甚至握着拳头,仿佛随时准备给人一击。心理学家认为,这一类型的人如果是仰躺着或是侧着睡觉,拳头向外就是向他人示威。如果把拳头放在枕头或是身体下面,表示他正在控制这种消极情绪。

心理启示：

每个人都有不同的睡觉习惯，有的人喜欢像婴儿一样睡觉，有的人喜欢俯卧着睡觉，有的人喜欢睡在床边上。我们可以依据不同的睡觉习惯，判断出对方隐藏在心里的想法。而对于自己而言，我们在很多时候并不知道自己在睡觉时有什么特别的习惯，那么不妨问一问身边亲近的人，然后根据实际的性格对比一下。

第十一章

解码沟通微反应：观人识人，左右逢源

人就像是一本书，需要我们去读懂、看破，但在现实生活中，没有多少人能够真正地读懂人、看破人心。与人相处并不像我们想象中那么简单，在日常交流沟通中我们需要多费心思去观察，通过细微之处察人心。

第一节 缜密心思——察人心助你左右逢源

社会的复杂,在于人心的复杂。在日常交际中,要想与人建立稳固的关系,首先需要了解他人,识破对方的心思,看清周围的环境。只有这样,即使身处复杂的环境中,也能很好地保护自己,游刃有余地应付他人。在这个世界,并没有独立存在的个体,因而人与人之间的交际是不可避免的。随着经济的日新月异,人们的物理距离越来越近,甚至彼此之间只有一堵墙或者一层楼板,但是彼此之间的心理距离却越来越远了,我不知道你所想,你亦不知道我所思,交往之中总是觉得少了点亲近,多了份阻碍。其实,这种存在的距离感,实际上就是人们彼此互不信任、互不理解所造成的。这不仅仅使人与人之间的关系变得越来越扑朔迷离,而且还会给我们带来麻烦与困惑,因为彼此戒备,交往势必更困难。那么,如何才能轻轻松松做一个交际达人呢?秘诀只有一个,即察人心通人性,识破他人的心理,再以相应的策略迎合,如此一来,才能使你在交际场上左右逢源。

当然,察人心并不能靠一面之词,还需要用眼睛、用心去辨认,这样,我们才不至于被假象所蒙蔽。如何识破那些隐藏起来的心理呢?有人归纳出来一个看透人的方法:“看一个男人的品位,要看他的袜子;看一个女人是否养尊处优,要看她的手;看一个人的身价,要看他的对手;看一个人的底牌,要看他身边的好友;看一个人是否快乐,不要看他的笑容,要看清晨梦醒时的一刹那表情;看一个人的胸襟,要看他如何面对失败及被人出卖;看两个人的关系,要看发生意外时,另一方的紧张程度。”虽然,这样的总结并不是那么准确,但对我们察人心多少有一些帮助。人心是一本书,一本复杂的书，我们读起来会感到吃力，但是，唯有读懂了这本书，我们才能游刃有余地应付复杂的人际交往。

齐王后去世的时候，后宫有十位齐王宠爱的嫔妃，其中有一位继任王后，但是，究竟是哪一位，齐王却不做明确的暗示。宰相田婴开始动脑筋了，他想：如果自己能确定哪一位是齐王最宠爱的妃子，然后加以推荐，肯定能博得齐王的欢心，同时，还能赢得新王后的信任。不过，万一弄错了，事情反而会糟糕，自己应想个办法，试探一下齐王的心意。

于是，田婴命工人赶紧打造了十副耳环，而其中一副要做得特别精巧美丽。田婴把这十副耳环献给了齐王，齐王则分别赏赐给了十位宠妃。第二天，田婴再拜谒齐王的时候，发现在齐王的爱妃之中，有一位戴着那副特别美丽的耳环。田婴明白了齐王的心意，赶紧向齐王推荐了那位戴着美丽耳环的妃子，果然，齐王大喜。不久之后，那位新继任的王后，确实是那天田婴推荐的那位妃子。

田婴虽处于乱世，但是，由于懂得处世之道，懂得识人心，这使得他没有被卷进是非之中，反而能够保全自我。为人处世，与人相处，半分钟看破人心极为重要，这样，我们才能在片刻之间，看透身边的人与事，看破一个人的真伪，洞悉对方内心深处所隐藏的秘密。看破人心，才能以不变应万变，窥探出其心理的微妙变化，辨别出其真实的心理，让自己在交际场合中左右逢源、轻松自如。

纵观古今中外，凡成大事者，无一不是察人心的高手。不能识风浪，就不能扬帆沧海；不能察鸟兽，就不能纵横山林；不能察人心，就不能左右逢源。也许，你能够在职场驰骋纵横、无往不胜，但是在面对纷繁复杂的人际交往时，却会感到困惑、迷茫。在我们身边，没有人会完完全全地把自己呈现出来，而是将自己隐藏在面具后面，不过，其眼神、举动、行为、习惯，都会暴露出其心理与性格。而我们只需要找到这些透露出来的细枝末节，就能识破对方心理了。

心理启示：

一个善于识人心的人，他一定是一个观察力敏锐的人。如果你没有一定的观察能力，就无法察觉对方在表情、动作、语言上的变化，对方心里在想什么，你也根本无从知道。所以，要想看透他人，识破人心，就必须学会察言观色。不仅如此，还需要拥有缜密的心思，没有一个人会完全地袒露自己，让自己处于人们的视线之下。所以，我们必须练就较强的识人能力，拥有敏锐的观察力和缜密的心思。这样，你才可以看透你身边的人，你才可以在众人中不露痕迹地分辨出真朋友和假朋友；你还可以准确无误地判断出上司的意图；你可以在朋友的语调中读出他的隐衷；你可以在对你微笑的人的一转身间发现他的谎言。熟知了这些察人的技巧，我们才能轻松应付复杂的人际交往。

第二节　人心难测——知人知面不知心

俗话说："知人知面不知心。"识人难，识人心更难。人世间最深藏不露的莫过于人心，而世上最猜不透、最善变的也是人心。如果你在人际交往中，稍有差错，就有可能错识人心，产生误解，也有可能为此失去一次难得的机会，或是失去一个重要的客户，或者错交一个不值得结交的朋友，或者把一件很重要的事情办砸。与人交往，实在是难，难在不能看破人心，但只要我们能够看破人心，并采取相应的策略，就能够赢得成功。否则，我们将寸步难行，失败会给自己平添许多烦恼。所谓"人心难测"，人心是一个人的思想，而思想是无形的，我们既看不见，又摸不着，它潜藏在人的脑海里。另外，思想并不是固定不变的，它们往往随着客观事物的变化而变化，所以，我们才说看破人心是一件不容易的事。我们常说“知人知面不知心”，其实，也道出了人心难测的道理。然而，人心也并非难以琢磨，而是很多时候，我们没能掌握洞悉人心的技巧。因此，与人交往，知人知面更要知心，在平日里，我们要学会识透人心，这是现代人与人交际的必备技巧。

唐朝的时候，有一个人叫卢杞，他与郭子仪一起在朝做官，两个人之间还有一些交情。那时候，卢杞还只是一个小官，但郭子仪已经成为当朝宰相，很是风光。郭子仪还是个老江湖，看人往往能入木三分。他身为丞相，对其他大臣都比较随便，唯独对卢杞很有礼貌。如果卢杞来家里拜访，郭子仪会先让家人全部到后面去，而自己穿好了朝服，正式地迎接卢杞。即便在两人交谈中，郭子仪也表现得十分谦卑有礼。

对此家里人感到困惑，卢杞不过是一个芝麻大的小官，你为何要如此礼遇？于是，家眷就好奇地问他：“你平日接见客人，无论是多么重要的人物，你从来都不避讳我们在场，为什么今天一个后生过来，您却如此慎重？”郭子仪解释道：“我一生什么场面没有见过，什么样的人我没见过，因此，我看人看事都有自己的角度。比如刚才那个年轻人，你们不要看他现在很普通，将来这人一定会爬上高位。但是，他最大的毛病就是小肚鸡肠，睚眦必报，稍有不慎，这人就会怀恨在心。他的长相极其吓人，半边脸是青的，如同庙里的恶鬼，你们女人见识不多，我猜想你们看见卢杞的半边青脸，一定会笑。这一笑定会深深地刺伤这个人的自尊心，等到他得了权势，你们和我的儿孙，就会有灭顶之灾了，怎能不防？”

果然，卢杞后来也做了宰相，朝廷中那些凡是曾得罪了他的官员，都被他想方设法地报复了。因为郭子仪不曾得罪他，最终得以自保。

从历史上的记载来看，都知道卢杞是一位相貌丑陋且心术不正的小人，不过，他很聪明，又懂得溜须拍马，迟早有一天会得到权势。面对这样的人，如果现在得罪了他，他肯定会怀恨在心，日后必伺机报复。在日常生活中，处处有像卢杞一样心术不正之人。如果稍有不慎，得罪了这类小人，就会为生活平添无数烦恼与困扰。所以，只有通过你的一双“火眼金睛”，看破他们的内心，认清他们的真伪，才能在生活中游刃有余，进退有据。

其实，在现实生活中，这样的人可谓是不在少数：有的人会利用甜言蜜语与你套近乎，却是为了窃取你的劳动成果；有的人会在你面前装得可怜兮兮，却只是为了让你主动让出晋升的职位；有的人将你赞得飘飘然，你在激动之下把什么都告诉他，他却在背后拿你不经意透露的信息去跟老板告密；有的人表面对你赞赏有加，却在背后用讽刺的话来奚落你；有的人假装很热情地邀请你跟他一起负责某项任务，只是为了在出问题时可以让你背黑锅；有的人经常给你小恩小惠，却在关键的时候勒索你一大把。他们往往笑里藏刀，将自己的真实意图隐藏得很深，你不可能一下子就发现他。而且，他伪装起来的外表，很容易获得我们的信任与好感，在不知不觉中，我们就进入了他设计好的陷阱。所以，知人知面更要知心，从而才能牢牢地把握交际中的主动权。

心理启示：

在现实生活中，谁对你真，谁对你假，我们需要辨清真伪，如此，才能知心。否则，在“知人知面难知心”的情况下，我们就有可能被一时的假象所蒙蔽，将所谓的敌人当朋友，错识人心，将会给我们带来无尽的痛苦与灾难。俗话说：“害人之心不可有，防人之心不可无。”虽然，在人际交往时需要以诚相待，但是也不能因此而让自己的诚信成为别人利用的对象。在生活中，我们经常会碰到这样的人：平日里对自己很关心，实际上却是别有用心，而我们却常常为他们的外表所蒙骗，等到醒悟的时候，已经为时已晚。所以，我们要学会识人心，知人知面更知心，洞悉对方心中的真实意图，使得自己能够及时掌握交际的主动权。

第三节　言为心声——观其行，察其言

《鬼谷子》曰："捭阖者，道之大化，说之变也。必豫审其变化。吉凶大命系焉。口者，心之门户也。心者，神之主也。志意、喜欲、思虑、智谋，此皆由门户出入。故关之矣捭阖，制之以出入。捭之者，开也，言也，阳也。阖之者，闭也，默也，阴也。阴阳其和，终始其义。"在文中，道出了"口乃心之门户"的经典之说，意思是说，人的口是心灵感受的表达渠道。其实，何止是言？所谓"相随心生，境由心造，口乃心之门户"，一个人平时的一言一行，都是其内心的一种真实反映。心中如何想，都将通过言行表现出来。在一般情况下，一个人的一言一行都是遵从于主人内心的影射，当然，在现实生活中，也会出现言行不一的情况，这又得另当别论了。比如，一个人高兴的时候，他的整个语言是充满愉快的，行为举止都是荡漾着快乐的，哪怕他想故意掩盖，但我们还是可以从其言行的细微处察出其内心的真实情况。

有一次，鲁哀公问孔子道："应该选取什么样的人才呢？"孔子回答道："弓与箭协调，然后才能要求它射中；马老实善良驯服，然后再要求它是骏马；人一定要忠实、诚恳、稳重、朴实，这以后才能要求他的智慧和才能。现在有人不忠实、诚恳、稳重、朴实，却富有智慧、才能，像这样的人犹如豺狼一般，不能让他靠近自己。因为这个缘故，先要看他确实是仁厚、诚恳的人，然后才亲近他，如果这个人又有智慧才能，然后再任用他。所以说，亲近仁厚的人并任用他的才能。选取人才的方法，不仅要听他说，更要观察他的行动。言语是用来抒发他胸中的志向和感情的，能干事的人，一定能用语言表达出来。因为这个缘故，先要看他说的，然后考察他的行为。用言语来考察

他的行为，即使有为非作歹的人，也无法掩饰他的真情。”哀公说：“说得好。”

其实，在日常生活中，与人交往，要想了解对方的真实心理，我们依然需要观其行，察其言，因为对方的言行是没有办法掩盖的，他能清楚地反映内心所想。

苏东坡，与佛印和尚是好朋友，佛印的道行比苏东坡深，为此，两人经常在一起参禅、斗嘴、斗智斗勇。

有一次，两人一起参禅，相对而坐，苏东坡问佛印：“你看到了什么？”佛印回说：“看到了佛”。接着佛印问苏东坡：“看到了什么？”苏东坡回答说：“看到了牛粪。”

当他得意扬扬地回到家中，并把这事告诉苏小妹，满心以为这是他与佛印和尚暗中较量的一次辉煌的胜利，没想到苏小妹听了却摇头叹息道：“哥，你输得好惨！”苏东坡不解，苏小妹解释道：“参禅讲究的是内心的修炼，明心悟性，你心中有什么，你就会看到什么。佛印眼中看到的是佛，说明他心中有佛，而你看到的是牛粪，说明你心中有什么？”

明心悟性，你心中有什么，你就会看到什么。换句话说，你心中如何想，你就去说什么，去做什么，一言一行都是其内心的真实影射。相随心生，境由心转，一切法从心生。正因为言行均是内心的真实反映，熟知了这个道理，对我们识破人心有很大的帮助。在日常交际中，我们需要随时观察对方的言行，不错过一个动作，不漏掉一句话，并通过其言行来窥探其心理，如此，才能掌握交际中的主动权。

心理启示：

我们常说“言为心声”，一个人所说的话实际上就是其内心的真实表达。当然，其行为举止也是遵从于内心的真实，这是必然的道理。一个人说出来的话是需要坦荡地去表露自己心灵的，如果一个人长期地昧着良心去说话、去行动，这就是我们所说的“心口不一”，那么，这个人也没有办法得到他人心灵的承载，简单地说，就是得不到他人的认可。言行就相当于一个放映机，不断地将其内心所思所想影射出来，将心中那些抽象的东西具体化。因此，我们在考量一个人的时候，需要观其行，察其言，如此才能窥探其真实的心理。早在很久以前，孔子就提出了选贤才的标准即是“观其行，察其言”。

第四节　辨声之法——听懂对方的弦外之音

如何听出一个人的“弦外之音”？对此，曾国藩说：“辨声之法，必辨喜怒哀乐。”一个人的七情六欲，喜怒哀乐都可以从声音中听出来。所谓“话由心生”，心境不同，发出的“声”也会有很大的不同。在人际交往中，我们时常会遭遇这样尴尬的场面：对方明明是一张笑脸，却转眼间变成了黑脸。究其缘由，就在于我们没能适时听出对方的“弦外之音”。有时候，语言的交流相当于一场没有硝烟的战争，彼此都是心照不宣，但为了保持一种良好的风度，却又不敢直接表露出来。于是，那些看似平静的言辞之中，往往隐藏着刺儿。如果你稍有不慎，就会被对方的弦外之音所伤害，使自己处于被动的境地。所以，与人交往，我们要留意对方的声音，学会听懂对方的“弦外之音”。

当吕不韦命令人编撰好了《吕氏春秋》后，他召集了包括李斯在内的很多人举行了一次盛大的聚会。在一片笑容之海中，吕不韦面带笑容，慷慨言道：“东方六国，兵强不如我秦，法治不如我秦，民富不如我秦，而素以文化轻视我秦，讥笑我秦为弃礼义而上首功之国。本相自执政以来，无日不深引为恨。今《吕氏春秋》编成，驰传诸侯，广布天下，看东方六国还有何话说。”字字掷地有声，百官齐齐喝彩。

之后，吕不韦召士人出来答谢，吕不韦也坦然承认，这些士人是《吕氏春秋》的真正作者。李斯发现那些士人精神饱满，神态倨傲，浑不以满殿的高官贵爵为意。在他们身上，似乎有着直挺的脊梁，血性的张狂。当时的《吕氏春秋》中记载："当理不避其难，临患忘利，遗生行义，视死如归。""国君不得而友，天子不得而臣。大者定天下，其次定一国。""义不臣乎天子，不友乎诸侯，得意则不惭为人君，不得意则不肯为人臣。"

李斯看着那些强悍的将士，聪明的他猜出了吕不韦的弦外之音："哪怕有一天我吕不韦失去了天下，但是只要有这些英勇的将士，谁也别想轻视我。如果你想和我作对，还是好好考虑考虑再作打算吧。"于是，李斯当即陷入了沉默，不再言语。在这里，吕不韦虽然是笑容满面，而声音也很正常，但那平稳的语调中，却透露出一种胁迫的力量。

1."温柔"的反击

当女记者对丘吉尔说："如果我是您的妻子，我会在您的咖啡里下毒药的。"丘吉尔温柔地看着她说："如果我是你的丈夫，我就会毫不犹豫地把它喝下去!"在这里，丘吉尔的声音里一点也没表现出生气的情绪，反而是温柔地告诉对方自己心中所想。

有时候，在与他人进行语言交流时，如果我们在言语上触碰了对方的伤痛，这时，对方还是以平静而温柔的声音回答我们，我们就应该留意了，对方话里是否藏有"利剑"。当然，并不是指所有温柔、平静的声音里都藏有弦外之音，话中是否还有别的意思，这需要我们根据语言交流的进程来判断。

2.犀利的语调

有的人本身不善于隐藏自己的情绪，一旦被话语击中，他会毫不犹豫地进行反击。这时，对方心中愤怒的情绪已经反映在其犀利的语调中了。如果是面对言辞犀利的对手，我们不妨采用一些方法进行回击。

当然，这也需要掌握一些语言上的技巧，或者是话里有话地答复对方，或者是用自嘲的方式来使自己摆脱困境。你在措辞的时候，一定要注意即便是回击也要不着痕迹，不要伤害到对方，在对方面前，你应该保持一个对手应该有的胸怀和气度。

心理启示：

《南史·范晔传》："吾于音乐，听功不及自挥，但所精非雅声为可恨，然至于一绝处，亦复何异邪。其中体趣，言之不可尽。弦外之意，虚响之音，不知所从而来。"通常情况下，那些隐藏在话语里的"弦外之音"是不会轻易地被发现的，它只是话里间接地透露出来，而不是清晰地表达出来的，它有可能隐藏在语调里，有可能藏在音色里。这就需要我们在与对方进行语言交流时，仔细揣摩出话语里的弦外之音，这样才能清楚对方想表达的真实意图是什么。

第五节　辨识语气——话语中的暗示

人的声音包含各种要素，而声调是很重要的要素之一，说话的声调即是声和气的综合。通常情况下，那些说话声气比较洪亮的人，一般都具有某种权威性，能达到控制场面的目的；反之，那些声气比较弱小的人，由于其声气太轻太小，以至于人们需要更加集中注意力才能听清楚。那么，影响声气的因素有哪些呢？如果我们在说话时采用鼻子产生共鸣，那么，如泣如诉的声音会给人一种傲慢的感觉；反之，若是采用胸腔来产生共鸣，则能使声气变得强而有力。此外，说话速度也会影响到一个人的声气，一般而言，说话速度太快的人，个性比较暴躁，语序混乱，给人的印象比较粗鲁；说话速度太慢的人，个性沉稳，做事深思熟虑。总的说来，一个人的声气会暗示他的心理状态，无论是在生活中还是工作中，我们都可以从声气中识人，从对方的声气中辨别出对方此时此刻的情绪及性格特征。

那么,我们就不同的声气,以此来辨别其言语里的暗示语。

1.轻声细气说话的人

在与人交谈时,这种声气可以有效缩短人与人之间的感情距离,加深彼此之间的关系。这主要是因为,轻声细气说话的人常常会给人一种谦恭、谨慎与文雅的印象,这无疑容易引起对方的好感。而且有时候,它还能避免一些因为语言不当而引起的麻烦。当然,如果用它来公开坚持意见、反驳别人或者维护正义和尊严,则是不恰当的。

2.和声细气说话的人

"和声细气"这种声和气,就像是小河里的涓涓细流,轻松自然,和蔼亲切,不紧不慢,能给对方一种舒适、友好、温馨的感觉。人们以"和声细气"的声气说话,常常是请求、询问、安慰、陈述意见的时候。

另外,和声细气地说话,可以展现出男性的文雅和女性的阴柔之美。如果是"和声细气"说话的男人,他必定是厚道、宽容的;而如果是"和声细气"说话的女人,她肯定是温柔、善良、善解人意的。

3.高声大气说话的人

人们通常用"高声大气"的声气来强调某件事情,或者是表达自己内心的激动情绪。"高声大气"通常用来表示极度的兴奋或者激情澎湃的情绪,同时也能表现出说话者的性格,一般来说,这样说话的人大多富于激情。

比如《三国演义》中的张飞,他说话就是高声大气的类型,尤其是在长坂坡之战,曹操带领大军追赶赵云。张飞骑着马站立桥头,怒目圆睁,厉声大喝:"我乃燕人张翼德也,谁敢与我决一死战!"声音如雷,吓退了曹军。

心理启示:

心理学家认为经常唉声叹气的人心理承受能力比较弱,他们对自己缺乏自信心,对自己想做的事情缺乏勇气。一旦遭遇了挫折,内心便会充满沮丧的情绪,整个人变得颓废不堪,如果这时没有人开导他,他就会变得一蹶不振。

参考文献

[1]张国庆.解码潜意识[M].北京:中国纺织出版社,2013.

[2]刘瑞军.解码微反应[M].北京:中国纺织出版社,2013.

[3]姜振宇.微反应[M].南京:凤凰出版社,2011

[4]孔伟明.微行为[M].北京:石油工业出版社,2013.

[5]孙科炎.微行为[M].北京:机械工业出版社,2012.